Succession de Mme E. WARNECK

OBJETS ANTIQUES

Marbres, Bronzes
Terres cuites, Verrerie et Bijoux

Paris — 1905

Succession de M^{mc} E. WARNECK

OBJETS ANTIQUES

Marbres, Bronzes, Terres cuites
Verrerie et Bijoux

DÉCRITS PAR

ARTHUR SAMBON

CONDITIONS DE LA VENTE

Elle sera faite au comptant.

Les adjudicataires paieront *dix pour cent* en sus des enchères.

L'exposition mettant le public à même de se rendre compte de la nature et de l'état des objets, aucune réclamation ne sera admise une fois l'adjudication prononcée.

Paris. — Imp. Georges Petit, 12, rue Godot-de-Mauroi. — 15379-05.

...mique jetée sur l'épaule. Statuette grecque du III° siècle avant J.-C. : 2,650. — 168. Portrait d'un jeune Romain. Buste en bronze, trouvé à Boscoreale : 4,000. — 169. Auguste, buste lauré et cuirassé : 165. — 170. Livie en Cérès, drapée. Sculpture grecque du siècle d'Auguste : 1,150.

171. Livie en Fortune : 100. — 172. Caligula. Petite tête en bronze : 165. — 173. Buste de jeune Romain : 115. — 176. Bras gauche d'une statue grecque : 380. — 178. Deux sphinx tenant un masque de Gorgone entre leurs pattes. Patine vert d'eau : 3,450. — 180. Griffon aux prises avec un serpent. Travail romain : 160. — 181. Dragon. Travail romain. Piédouche antique en bronze : 390. — 184. Lion debout. Travail romain : 410. — 185. Lionne passant, la tête basse et menaçante. Travail hellénistique : 440. — 188. Panthère femelle levant sa patte droite. Travail gréco-romain : 500. — 192. Cheval marchant. Travail romain : 200. — 195. Cheval au pas : 300. — 199. Jeune taureau en marche : 170. — 204. Bouc debout. Bronze grec du V° siècle : 310. — 217. Aigle, les ailes éployées. Travail romain : 260.

Figurines en pierre dure en or et en argent. — 225. Muse debout. Statuette en prime émeraude : 310. — 226. Buste cuirassé d'un empereur romain, III° siècle de l'ère chrétienne : 1,400. — 227. Mercure, debout, dans sa paenula. Statuette de laraire en or massif finement ciselé : 470. — 227 bis. Satyre, debout : 310. — 228. Victoire, debout sur un globe, en argent doré : ... — 229. L'Abondance, debout, drapée. Statuette de laraire en argent : 100. — 231. Fortune, debout, diadémée et drapée. Statuette de laraire en argent doré : 450. — 232. Hippocrate panthée. Statuette de laraire en argent : 300.

Armes et ustensiles en bronze. — 233. Casque italique à géniastères : 510. — 235. Epée avec poignée en bronze ciselé : 156. — 238. Casque de Boscoreale : 1,820. — 239. Lampe [...] de taureau. Travail gréco-[romain...] — 245. Miroir grec à couver[cle...]

[...] étrusque. Lame de [...] — [...] Miroir étrusque [...] e siècle avant J.-C. Hercule assis sur un rocher : 110. — 265. Miroir étrusque des III° siècle avant J.-C. Les Dioscures et Hélène : 110. — 270. Situle étrusque en tête de femme : 260. — 271. Situle étrusque, tête de femme : 200.

Figurines en terre cuite. — 281. Phlantho sur le dauphin. Terre cuite archaïque : 125. — 282. Eros adolescent, debout, tenant une lyre : 200. — 283. Jeune Tanagréenne, de[...]

125. — [...] de mer et à incrustations. [...] — 431. Deux amphores [...] verre bleu kobalt, à incrustations [...] 700. — 434. Amphorisque en pâte [...] rubans et barbes de plumes : 145. — 435. Petit flacon à onguent en forme de datte sèche. Verre jaune d'ambre. Cumes : 160. — 439. Flacon en pâte verdâtre. Syrie : 400. — 441. Coupe en verre bleu tendre. Italie : 155.

457. Eros se cachant derrière un buisson. Fragment de pyxide en ivoire. Travail gréco-romain : 290.

Orfèvrerie et argenterie. — 464. Paire de boucles d'oreilles à têtes de taureau : 180. — 466. Paire de boucles d'oreilles à têtes de lynx : 360. — 467. Paire de boucles d'oreilles : 240. — 468. Boucles d'oreilles en or et verroterie : 220. — 470. Amulette. Pierre verte sertie d'or : 105. — 471. Collier, chaînettes tressées. Cumes : 920. — 472. Couronnement de boucle de cheveux. Trouvé [...]

ARNOLD & TRIPP
JACQUES CHENUE
E. PAPE
MADRID
M. LACROIX
GALERIE ANTIQUITÉS
Friedrich SCHWITZ
TABLEAUX ANCIENS
GALERIE HELBING
H. FULD
SPÉCIALITÉ DE MEUBLE ANCIEN
JULES FEINBERG
PL. FRENKEL et Fils
ANTIQUAIRES
34 et 36, Choorstraat, 34 et 36
UTRECHT (Hollande)
A VENDRE
TROIS TABLEAUX
J.-L. DAVID
TABLEAUX ANCIENS & MODERNES
Tapisseries Anciennes
VENTE Hôtel Drouot, salle n° 8
M. MAURICE COUTURIER
SUR MÉTAUX
M. F. CHEVALLIER
10, rue Grange-Batelière
M. DUBOURG
rue Lafayette, 10

... bronze, [illegible] d'Asie mineure : 500. — [illegible] au dauphin. Lampe [illegible] bronze.

F. KLEINENBERG

[illegible] Marcus [illegible] travail [illegible]

[illegible] de Rhodes [illegible] Hercule et Antée, [illegible] Her- [illegible] : 245. — [illegible] rouleau ajouré : 165.

M. L'AGREN [?]

[illegible] nageant [illegible] — 119. Narcisse, debout. [illegible] 178. [illegible] nymphe [illegible] : 150. — 129. Trois nymphes [illegible] ro- [illegible] 116. Cehlaure. Partie d'un [illegible]

ANTIQUITÉ ROMAIN [?]

[illegible] Bronze [illegible] 300. — 137. [illegible]

FRÉDÉRIC SCHMIDT [?]

[illegible]

[illegible] TABLEAUX ANCIENS

GALERIE HELEN [?]

[illegible]

RNOL-O'TRIPP [?]

Jeune Tanagréenne debout, d'après [illegible] nègre [illegible] 500. — [illegible] [illegible] Danseuse [illegible] 70 [illegible] debout (S[illegible]) [illegible] : 500. — [illegible] de banquet. Asie mineure : 200. — [illegible] Jouvence [illegible] neur : 140. — 318. Aphrodite, debout, dia- [illegible] 317. Satyre [illegible] 318. Amour [illegible]

[illegible]

des crotales. Bronze hellénistique d'Asie-Mineure : 500.— 70. Eros au dauphin. Lampe ayant la forme d'une figurine d'Eros, bronze : 800. — 72. Eros tirant de l'arc : 150. — 74. Eros ailé, debout : 350. — 76. Mercure debout : 110. — 77. Mercure debout. Travail gallo-romain : 1,300.

80. Mercure debout, coiffé du pétase ailé. Patine brune : 660. — 81. Buste de Mercure : 121. — 86. Enfant bachique, couronné de lierre (et criant) et vêtu de la nébride : 300. — 87. Satyre [illegible] — [illegible] Patine noire : 760. — 89. Jeune Satyre debout : 156. — 90. Silène jouant de la double flûte. Travail hellénistique : 5,600. — 91. Silène courant : 320. — 93. Buste à mi-corps de Bacchante : 360. — 96. Vase ovoïde : 160. — 97. Asclépios. Buste de l'école de Lysippe. Patine vert pâle : 1,250. — 98. Hercule, debout, au repos : 260.

100. Athlète ou Hercule imberbe. Bronze ptolémaïque : 600. — 102. Hercule et Antéc. Bronze romano-égyptien : 250. — 105. Hercule debout, imberbe. Patine verte : 245. — 109. Niké archaïque. Bas-relief ajouré : 165. — 110. Niké à genoux : 710. — 111. Niké. Bronze grec du IIIe siècle avant J.-C. : 6,100. — 112. Victoire debout. Deux figures de travail romain : 205. — 114. Victoire stéphanéphore, debout sur un globe : 145. — 115. Tutéla de ville : 600. — 117. Enfant nageant : 125. — 118. Pan assis, tenant des fruits. Travail romain : 125. — 119. Narcisse, debout. Travail gréco-romain : 170. — 122. Nymphe d'une source : 150. — 123. Trois nymphes adossées les unes aux autres. Travail romain : 200. — 126. Centaure. Partie d'un groupe : 4,750.

132. Héros grec, debout : 16,700. — 133. L'Education d'Achille : 190. — 134. Guerrier s'armant. Bronze étrusque archaïque : 180. — 135. Guerrier italique, debout. Bronze archaïque de l'Italie centrale : 170. — 136. Hoplite, debout, en attitude de combat. Bronze péloponésien du VIe siècle : 500. — 137. Groupe funéraire. Etrusque en costume servile, armé d'un glaive, et jeune femme soutenant un guerrier mort : 1,250. — 138. Jeune Romain, debout. Bronze du siècle d'Auguste : 140. — 139. Sacrificateur étrusque : 155. — 143. Adolescent nu : 610. — 144. Cavalier barbare galopant : 620.— 147. Légionnaire, debout : 225. — 152. Pugiliste au repos. Il est debout. Bronze hellénistique : 300. — 155. Grotesque. Nain alexandrin. Bronze alexandrin : 780. — 156. Grotesque. Nain alexandrin, dansant et jouant des crotales : 730. — 157. Grotesque. Bossu, coiffé d'un bonnet pointu : 370. — 158. Discobole, debout, dans une pose d'exercice. Patine vert pâle luisant : 600. — 159. Discobole. Bronze étrusque archaïque : 170. — 160. Discobole. Jeune athlète, debout. Bronze grec : 100. — 161. Phalère de cheval : 225. — 162. Masque tragique. Travail alexandrin : 100. — 163. Masque comique : 135. — 164. Masque scénique : 135.

166. Alexandre le Grand, debout, la chlamyde [illegible]

bout, drapée et voilée. Tanagre : 200. — 2[illegible] Jeune Tanagréenne, debout : 265. — 2[illegible] Jeune Tanagréenne, debout et drapée. Tanagre : 500. — 288. Tanagréenne, debout : 360. — 289. Jeune Tanagréenne, debout, drapée dans son himation : 200. — 290. [illegible] Tanagréenne marchant : 290. — 291. [illegible] femme, debout, drapée dans son [illegible] : 200. — 292. Cérès, assise, sur [illegible] tenant une gerbe d'épis [illegible] : 185. — [illegible] Tanagréenne drapée : 200. — [illegible] chlamyde : 4[illegible] [illegible] sur un rocher. Ta[illegible] gre [illegible] sur un [illegible] cher : 151. — [illegible]. Enfant et fillette s'embrassant : 185.

300. Eros enfant : 130. — 302. [illegible] femme assise sur un siège : 200. — 30[illegible] teur comique : 105.

304. Jeune femme, debout, drapée [dans] son himation : 1,500. — 305. Jeune femme debout (Erato ?) : 115. — 306. Eros au papillon : 500. — 307. Danseuse : 215. — 3[illegible] Danseuse : 5,700. — 309. Danseuse. Smyrne : 110. — 312. Femme au bain. Asie-Mineure : 130. — 313. Enfant drapé : 160. — 314. Scène de banquet. Asie-Mineure : 260. — 3[illegible] Jouvenceau couronné de feuilles. Asie-Mineure : 140. — 316. Aphrodite, debout, drapée : 125. — 317. Satyre : 920. — 318. Amour et Psyché. Groupe d'Asie-Mineure : 2[illegible] 319. Victoire attachant sa sandale. Asie-Mineure : 520. — 320. Eros adolescent au v[illegible] Myrina : 1,000. — 321. Eros au vol. Asie-Mineure : 145. — 328. Tête de femme : 2,5[illegible] — 329. Sphinx assis. Grande-Grèce (Canosa) : 390. — 330. Silène et nymphe assis sur [illegible] bouc : 105. — 331. Antéfixe campano-étrusque : 250. — 332. Vénus au ceste. Smyrne : 167. — 333. Vénus accoudée sur une idole archaïque. Travail gréco-romain. Myrina : 260. — 334. Jeune femme, debout, drapée. Asie-Mineure : 1,600. — 335. Vénus anadyomène. Asie-Mineure. Travail de basse époque : 510. — 338. Jeune femme nue, couronnée de lierre. Asie-Mineure, époque romaine : 129. — 340. Héraclès et la biche. Asie-Mineure : 105. — 345. Poupée articulée : 170. — 356. Caricature. Vieille femme dans une attitude grotesque : 150. — 358. Caricature. Femme, debout, drapée : 165. — 360. Caricature. Le rapt des Sabines. Smyrne : 200. — 362. Caricature. Vieille femme debout, drapée. Tanagre : 170.

Poteries. — 410. Petit choüs athénien du IVe siècle : 110. — 411. Pyxis athénienne à bijoux. IVe siècle : 100.

Verrerie. — 417. Aryballe pomiforme en verre opaque bleu lapis, à incrustations blanches : 100. — 418. Aiguière côtelée à orifice trilobé, en verre bleu kobalt, à incrustations : 1,150. — 419. Œnochoé à goulot tréflé, en verre bleu lapis, à incrustations. Cumes. Epoque archaïque : 310. — 421. Prochous à goulot tréflé, en verre bleu lapis. Cumes : 215. — 422. Alabastron en verre bleu kobalt, à incrustations. Cumes. Epoque archaïque : 310. — 423. Alabastron en verre bleu kobalt, à incrustations. Cu[mes]

Succession de MME E. WARNECK

CATALOGUE

DES

OBJETS D'ART

ANTIQUE

Marbres, Bronzes, Terres cuites, Ivoires

Verrerie et Bijoux

DONT LA VENTE AURA LIEU A PARIS

HOTEL DROUOT, Salle N° 6

Du Mardi 13 Juin au Vendredi 16 Juin 1905

à 2 heures

COMMISSAIRE-PRISEUR	EXPERTS
Me PAUL CHEVALLIER	**MM. C. & E. CANESSA**
10, rue Grange-Batelière, 10	19, rue Lafayette, 19

EXPOSITIONS

PARTICULIÈRE : *Le Samedi 10 Juin 1905, de 1 heure 1/2 à 5 heures 1/2*

PUBLIQUE : *Le Lundi 12 Juin 1905, de 1 heure 1/2 à 5 heures 1/2*

ORDRE DES VACATIONS

Le Mardi 13 Juin 1905

Marbres. . . . . Nᵒˢ	1 à 21
Bronzes.	31 à 86
Terres cuites.	281 à 3o3
Ivoires	455 à 461

Le Mercredi 14 Juin 1905

Marbres.	22 à 3o
Bronzes.	86 à 131
Terres cuites	3o4 à 327
Verrerie.	417 à 454

Le Jeudi 15 Juin 1905

Bronzes.	132 à 15o
Terres cuites.	327 à 4o6
Orfèvrerie.	462 à 499

Le Vendredi 16 Juin 1905

Bronzes.	15o à 224
Figurines en pierre dure, en or et argent.	225 à 232
Armes et ustensiles	233 à 28o
Terres cuites.	4o7 à 416

Les Dieux en exil

L est dans nos galeries antiques au musée du Louvre, une heure particulièrement douloureuse : heure de souffrance, dont la lugubre arrivée nous serre brutalement la gorge de cette même angoisse qui nous étreint en voyant pâlir soudainement quelque ami très cher sous le choc subit d'une douleur profonde et inattendue. C'est l'hiver, lorsqu'il fait froid, noir et triste au dehors, lorsqu'un ciel bas et maussade roule sur la cité le lourd linceul mouvant de ses nuages, dont le gris cotonneux se nuance de jaune sale et de teintes de plomb, lorsque la Seine limoneuse, bouleversée de tourbillons inquiétants et de remous malpropres, heurte pesamment les piles de ses ponts, lorsque, tantôt gémissant comme un enfant qui pleure, tantôt hurlant comme une bête mauvaise, le vent se brise à tous les recoins de la cour du Louvre et lorsque, sous la chute sans fin de la neige, une nuit hâtive précipite la fuite du peu de jour qui filtrait à travers les hautes fenêtres. Par les vitres, au loin, sous l'échevèlement des nuages affolés, Paris s'étend

blanc de neige sur les toits, noir de boue dans les rues, Paris frileux et glacé, morne et trempé, et, à l'horizon tout proche sous ces voiles de deuil, les flèches de Notre-Dame et de la Sainte-Chapelle semblent deux mâts de navires qui bravent la tempête. Dans la pénombre grandissante des galeries désertes, où sonne d'un écho singulier le pas de quelque visiteur attardé et sous les voûtes desquelles va bientôt traîner la complainte languissante des gardiens annonçant que l'on ferme, les Antiques s'ennuient.

Tristesse puissante des choses qui rêvent en silence !

Les voûtes du rez-de-chaussée, auxquelles, sous la Ligue, on pendit un jour trois membres du Comité des Seize, sont hautes et sombres, et les cariatides de Jean Goujon, filles du sol de France, semblent plaindre affectueusement les beaux athlètes de la Grèce, les empereurs de Rome, les héros et les dieux dont la nudité, si éclatante sous le ciel d'Orient, frissonne douloureusement dans la chaleur sèche, dure et chargée de suie, que vomissent mécaniquement les bouches du calorifère. Au premier étage, les Tanagra et les Myrina immobilisent leurs gestes mutins dans le cercueil de verre des vitrines, tandis que sur les panses des vases alignés en longues processions, les spirituelles Athéniennes et les vaillants tueurs de monstres poursuivent sans entrain et par habitude le geste commencé voici deux mille années.

Et par les vitres embuées, les Vénus et les Mars, les Jupiters et les Artémis, les Éros et les Minerves, abandonnés dans la solitude de leurs galeries, regardent tourbillonner sans fin les flocons de neige sous le ciel sombre qui s'assombrit d'instant en instant ; ils songent au passé lumineux, aux chaudes tendresses dont on les entoura sous des cieux plus cléments ; ils songent aux amis disparus des temps abolis ; ils songent à la Méditerranée bleue, dont les flots chantent

une si belle chanson, aux courses éclatantes du soleil dans
l'azur des cieux ; ils en viennent même à regretter les heures
mauvaises où des mains vandales osèrent profaner leur
beauté ; et leur frisson se fait d'autant plus aigu, que la
douleur présente s'aggrave du regret déchirant de la patrie
perdue.

Pauvres dieux en exil ! sous la nuit tragique qui tombe,
définitive, noire, implacable, noyant d'ombre et de deuil les
galeries du musée, on les entend se redire entre eux la plainte
déchirante de Baudelaire et demander en grâce que quelqu'un
prenne « pitié de leur longue misère ».

Cette même heure dolente et sinistre, cette heure d'in-
finie désespérance, cette heure de froid, de deuil et de glace
qui est dure aux exilés comme elle est dure aux miséreux,
et qui fait communier dans une même souffrance les détresses
des corps et les détresses des âmes, ce n'est pas seulement sur
les collections du vieux Louvre qu'elle s'abat comme un
funèbre oiseau noir. Il y a des dieux en exil dans d'autres
maisons du grand Paris et l'antique demeure royale ne les
réunit pas tous dans ses larges salles. Mais par un phéno-
mène étrange, dans les collections privées, ce mal du pays
qui, dans les soirées d'hiver, dévore plus âprement qu'à
d'autres moments les habitants du grand palais, paraît
atténué ; et cette aigre souffrance est comme enveloppée d'une
sorte de mélancolie tendre au charme de laquelle il est impos-
sible de ne pas se laisser doucement prendre le cœur. Là,
lorsqu'au dehors les vents rugissent, lorsque la neige recouvre
balcons et gouttières et que, comme une marquise coquette du
temps passé, Paris se poudre à frimas, les dieux, les déesses
et les héros, voisinant sans aucun souci de l'étiquette, sentent
moins le grand frisson noir du dehors dans la chaude atmo-

sphère de familiale intimité où les a conduits un destin plus amène.

Ici, point de classements méthodiques, comme ceux qu'exigent les chapitres des manuels ; point de séries pédagogiques ; nous ne sommes pas en classe, mais en famille. Sans souci du cérémonial qu'imposent aux musées les nécessités de l'instruction, on voit la tête en marbre d'une déesse sourire affectueusement de son socle en velours rouge à un groupe de Myrina, deux petits amoureux qui depuis vingt-cinq siècles se disent tendrement : « Je t'aime ! », et derrière qui, dans la pénombre, un imposant guerrier de bronze cambre le torse et tend la jambe, tandis que, sombres et sévères, sur une ciste étrusque deux personnages portent un guerrier dont la Parque a compté les jours. Les vitrines n'ont point cet aspect rigide des ébénisteries officielles ; ce sont des armoires douillettes, confortablement tendues d'étoffes moëlleuses aux teintes passées ; ce sont des nids, de doux nids de repos, qui offrent la bonne hôtellerie où s'abritent sans souci les pauvres œuvres blessées.

Ici, les statues, statuettes, figures et figurines, bronzes ou terres cuites, ne sont point en représentation ; aussi n'ontelles point ces moroses figures d'ambassadeurs des temps passés qu'ont trop souvent leurs sœurs des musées ; elles descendent volontiers de leurs piédestaux et se mêlent en souriant à la vie de famille. Dehors il fait noir, rude, sauvage ; mais dans cette auberge bénie il fait doux et tiède, les lampes éclairent d'une lumière égale ; dans l'âtre, le feu craque et crépite ; la vie circule : évidemment la patrie est loin et le regret cuisant, mais on a là de si bons amis que sans oublier ce qu'on a perdu, on goûte ce que l'on a. Les amis ne suppriment pas l'exil, mais ils aident à le supporter, ils en atténuent le fardeau. Dans l'atmosphère familiale, dans l'ambiance affectueuse et vivante, les petites âmes fébriles et peureuses s'apprivoisent, elles se montrent timidement d'abord, puis, rapidement familiarisées avec les êtres et les choses, deviennent bonnes camarades, discrètes confidentes, précieuses compagnes que l'on s'habitue vite à mêler à toutes les joies et à toutes les tristesses, que l'on sent avec bonheur voleter doucement dans l'air autour de soi et qui vous rendent au centuple en jouissances raffinées l'affectueuse hospitalité qu'on leur a donnée libéralement.

Amies sans défaut, fidèles sans défaillance, ces petites âmes que chaque créateur, par le fait de sa création, attacha pour jamais à son œuvre, s'épanouissent librement en une exquise floraison. Dans nos admirables musées, c'est par de savantes déductions que les œuvres antiques se rapprochent de nous, en dépit du large et profond fossé qu'ont creusé les siècles en coulant ; dans les collections particulières, c'est sans ordre, en pures inductions, par la force de l'amour, que ces mêmes œuvres révèlent la mentalité inspirée de leurs auteurs à nos âmes enfiévrées. Malgré ces siècles d'intervalle, ce sont pour nous des amies précieuses et dévouées : dans le travail ou dans le repos, elles sont toujours là, prêtes à nous soutenir, à nous réconforter, chacune déployant les grâces de son petit être pour charmer les regards et récréer l'esprit. Ce gros marchand besacier qui, si comiquement, se gratte le menton, n'envoie-t-il pas vraiment à notre adresse le large rire qui lui ouvre la bouche ? N'est-ce pas pour rappeler à propos les puissances infinies de la volonté et l'omnipotence de l'énergie, que ce buste romain de Boscoreale darde à travers la pièce son regard intrépide ? Et tandis que le Zeus de bronze olivâtre laisse tomber une expression de bonté pitoyable sur les grâces mignardes d'une Tanagréenne dont la mutinerie coquette drape déli-

cieusement les formes sveltes sous un large manteau flottant, — il me semble voir réellement tournoyer, dans l'enivrement d'un rythme hiératique, la danseuse aux gestes divins, qu'un modeleur grec immobilisa dans la plus délicieuse des attitudes, — image fragile de quelque lointaine Isadora Duncan des temps helléniques.

Aussi, c'est une plainte encore, mais si atténuée ! un chant bien plus doux, qui, dans les jours noirs et tristes, s'exhale des collections particulières, et, au lieu du cri tragique qu'il me semble entendre dans les musées, j'écoute ici une harmonie mélancolique certes, mais d'une mélancolie dont le charme est infini, parce qu'elle glorifie les joies éternelles de la vie, de la santé, de la nature et de l'affection.

Les personnes raisonnables diront sans doute que ce sont là des songes, de vains songes de folie. Mais, quels qu'ils soient, il me plaît de les garder, de les garder précieusement et de les vivre, si c'est possible : car j'entends à mon oreille la Voix des Fleurs du Mal *murmurer la parole rédemptrice qui console des ironies :*

> *..... Garde tes songes :*
> *Les sages n'en ont pas d'aussi beaux que les fous !*

Et c'est pourquoi dans nos grands musées, si poignants en leur solitude, dans les collections privées, si douces en leur ambiance familiale, je me plais à venir rêver à l'heure où tombent les sombres nuits d'hiver, les nuits de froid et de neige : car je veux continuer à entendre la grisante harmonie qui des unes et des autres monte dans la pénombre, quand pleurent sur leur patrie absente les dieux en exil.....

Georges TOUDOUZE

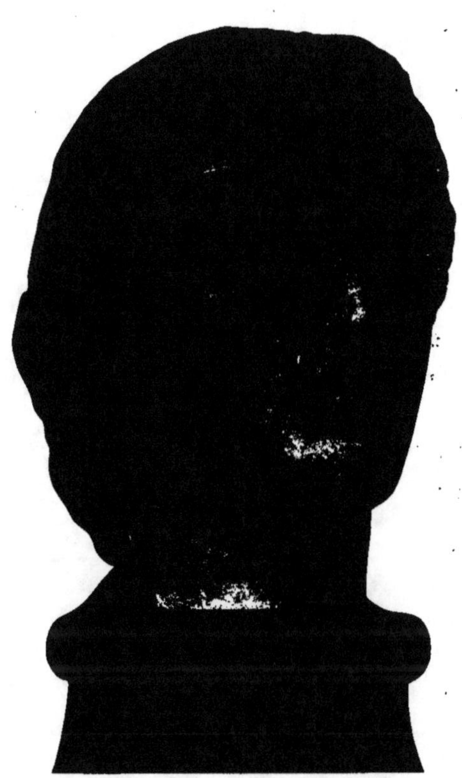

3

I

SCULPTURES EN MARBRE

Mythologie.

1 — Tête de Poseidon ou de vainqueur aux Jeux isthmiques,
la chevelure ceinte d'une
couronne de pin. Sculpture
grecque en marbre blanc.

Haut., 10 cent.

2 — Buste d'Apollon, les cheveux noués en crobyle sur
le sommet de la tête. Très
belle sculpture grecque.
Restaurations au nez et au
menton.

Figure.

Haut., 45 cent.

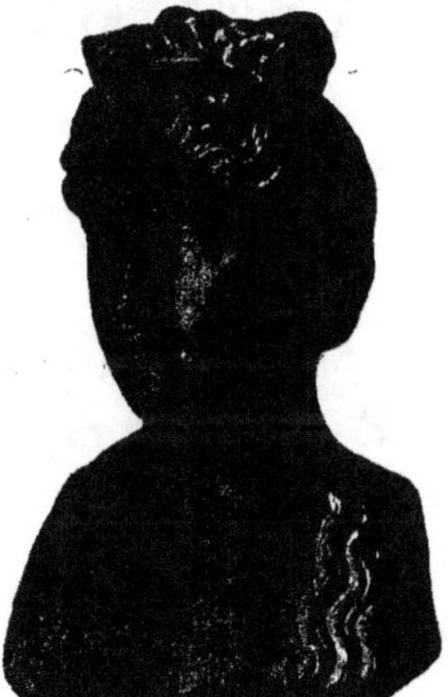

N° 2.

3 — Tête de déesse en marbre
de Paros. C'est une œuvre
grecque d'un style noble et
sévère ; une œuvre maîtresse, d'une belle inspiration, desti-

1

née à prendre une place importante dans le choix des pièces d'élite de l'art hellénique.

Planche I *et figure.*

Haut., 12 cent.
Socle en velours rouge.

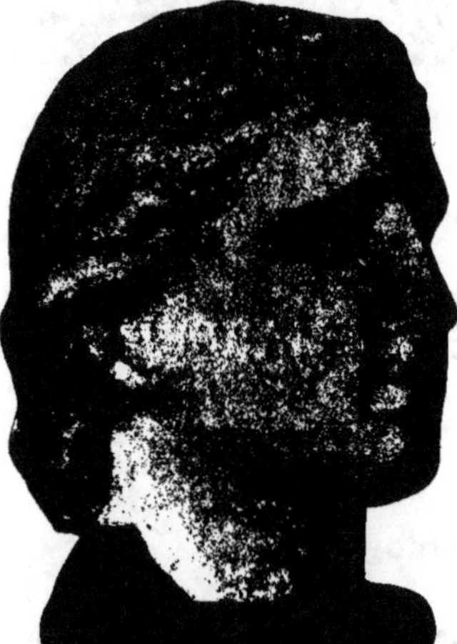

N° 3.

4 — Tête diadèmée de Vénus. La coiffure, en partie relevée en crobyle au sommet de la tête et en partie disposée en tresses. Sculpture de l'époque des Antonins.

Haut., 42 cent.
Piédouche en marbre.

5 — Beau torse. Fragment d'une statuette de Vénus. Travail ptolémaïque.

Haut., 24 cent.
Socle en jaune de Sienne.

6 — Tête d'Hermès de style archaïque. Couronnement de terme, en marbre rouge.

Haut., 15 cent.

7 — Tête d'Hermès ou de Bacchus Pogon, en marbre jaune. Couronnement de terme. Style archaïstique.

Haut., 16 cent. — Piédouche en jaune de Sienne.

8 — Autre de même style.

Haut., 17 cent.

9 — Autre de même style.

Haut., 17 cent. — Piédouche en jaune de Sienne.

10 — Buste de Dionysos, la tête tournée légèrement à droite, le visage souriant. Il a une *ténie* au front et sa chevelure est

ornée de lierre en fleur ; deux grappes de raisin pendent le long du cou.

Haut., 5o cent. — Piédouche en marbre blanc.

11 — JEUNE FAUNE entièrement nu, le visage souriant, couronné de lierre en fleur. Il avance en sautillant ; la main gauche et l'avant-bras droit sont brisés ; le genou gauche touche un tronçon d'arbre contre lequel sont posés le *pedum* et la *syrinx*. Belle sculpture hellénistique (inédite).

Trouvée à Rome.

Planche II.

Haut., 1 m. 62.

12 — BUSTE DE FAUNE souriant. Belle sculpture hellénistique. Ancienne collection Castellani. (Cat. Froehner, n° 1082.)

Figure.

Haut., 3o cent.
Piédouche en jaune de Sienne.

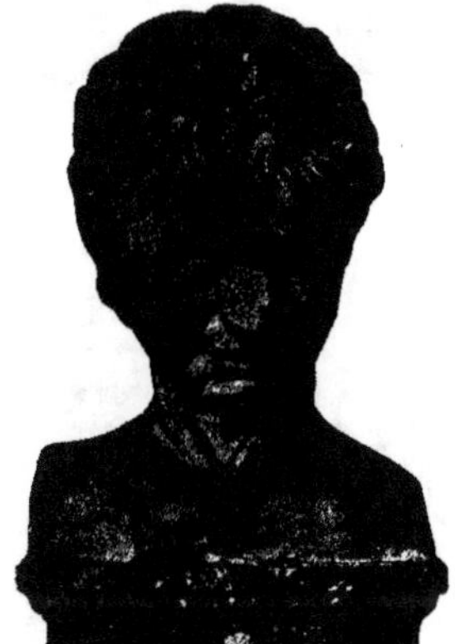

N° 12.

13 — TÊTE DE SATYRE couronné de lierre en fleur. Spirituelle sculpture hellénistique.

Haut., 16 cent.
Piédouche en jaune de Sienne.

14 — BUSTE DE FLORE.

Haut., 42 cent.
Piédouche en marbre.

15 — TÊTE D'UNE TYCHÉ DE VILLE. Sculpture gréco-romaine.

Haut., 18 cent. — Piédouche en granit.

16 — TORSE. Fragment d'une statuette d'homme aux formes athlétiques. Beau travail de l'école de Pergame.

Haut., 11 cent. — Socle en porphyre.

17 — TÊTE DE PAN. Belle sculpture archaïstique en calcaire. Cf. le Pan jouant de la flûte, au British Museum. (Reinach, *Répertoire,* t. I, p. 414, n° 4.)

Bas-reliefs et Fragments.

18 — L'Enlèvement d'Hélène. Bas-relief en albâtre, sculpture pleine de vie, du type du bas-relief du Louvre. (Clarac, pl. 214 *bis*.)

Trouvé à Volterra, en Italie.

Haut., 45 cent. ; long., 70 cent.

19 — Deux bas-reliefs en albâtre de même travail : scènes de l'*Ilioupersis*.

Volterra.

Long. de chacun, 60 cent. ; haut., 40 cent.

N° 17.

20 — Masques de comédie. Plaque rectangulaire ornée de bas-reliefs sur les deux faces ; d'un côté, un masque de femme moqueuse, à droite ; de l'autre, un masque de satyre, à gauche. Sculpture hellénistique.

Haut., 18 cent ; long., 13 cent.

21 — Masque de Silène. Fragment d'un bas-relief en marbre jaune veiné de rouge.

22 — Vase ovoïde. Bas-reliefs représentant des danseuses.

Haut.. 28 cent.

Iconographie.

N° 24.

23 — Démosthène. Buste en marbre. Beau travail hellénistique. Restaurations au nez et à la joue.

Haut., 22 cent. — Piédouche en marbre blanc.

24 — Buste de philosophe. Il ressemble à Socrate. Beau travail grec en marbre de Paros.

Figure.

Haut., 12 cent. — Piédouche en jaune de Sienne.

Nº 25.

25 — Tête diadémée d'un roi (Seleucus Ier Nicator ?). Bas-relief en marbre.

Figure.

Diam., 14 cent.

26 — Tête de jeune prince asiatique, les cheveux crépus. Marbre blanc (les cheveux peints en noir).

Piédouche en porphyre.

27 — Buste de Caracalla. Vigoureuse sculpture antique.

Hauteur, sans le piédouche, 42 cent. — Piédouche en marbre.

28 — Buste viril. C'est un jeune homme au regard fier et hau-

tain, à la chevelure abondante et crépue, à la poitrine athlé-
tique. Vigoureuse sculpture gréco-romaine.

Trouvé en Espagne, à « los campos de Talca » (Italica).

Haut., 70 cent. — Piédouche antique.

29 — BUSTE de jeune fille romaine.

Haut., 15 cent. — Piédouche en marbre noir.

3o — TÊTE D'ENFANT. Travail romain du commencement du
IIIe siècle.

II

FIGURINES ÉGYPTIENNES
EN BRONZE

a) L'Égypte avant les Lagides.

31 — Osiris momie, tenant le fléau et le pedum.

> Haut., 14 cent. — Base en granit.

32 — Apis en marche, la tête surmontée d'un disque dans lequel se dresse un uræus ; sur le corps sont indiquées les marques consacrées. Inscription sur la base.

> Long., 12 cent. — Socle en labrador.

33 — Épervier et fragments divers.

b) Statuettes ptolémaïques ou romaines.

34 — Jupiter Ammon drapé, debout. Grande statuette de style gréco-égyptien ; les bras manquent.

> Haut., 33 cent. — Base en granit rose antique.

35 — Isis drapée, debout ; elle tient de la main droite le sistre.

> Haut., 14 cent. — Base antique en bronze.

36 — Isis debout.

> Haut., 65 millim. — Piédouche en quartz rose.

37 — Isis assise.

> Piédouche en jaspe sanguin.

38 — Harpocrate debout. — Bon style alexandrin.

> Haut., 13 cent. — Piédouche en marbre jaune de Tunisie.

39 — Harpocrate debout. Deux figurines en bronze.

> Haut., 7 cent. — Piédouches en jaspe et en granit rose.

40 — Horus enfant, assis dans la fleur de lotus qui s'épanouit au soleil du matin.

> Haut., 9 cent. — Piédouche en granit.

41 — Personnification de la Fertilité de l'Égypte, femme debout, tenant des épis entre deux crocodiles. C'est une dérivation du type d'Horus sur les crocodiles. Bronze d'applique.

> Haut., 65 millim. — Piédouche en porphyre.

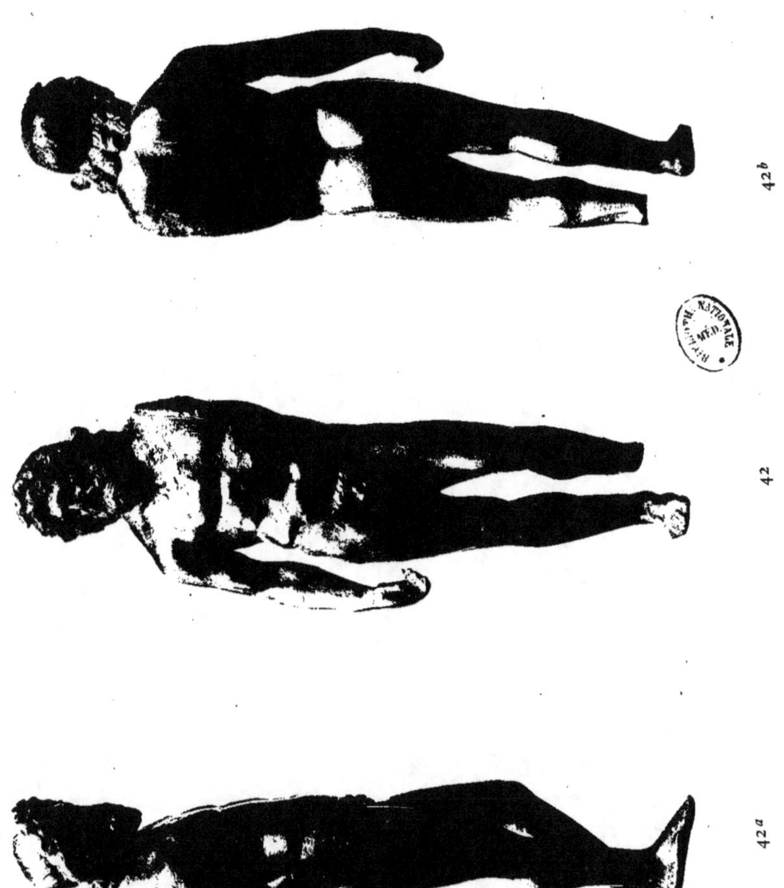
Pl. III
42 b
42
42 a

III

BRONZES GRECS ET ROMAINS

a) Mythologie.

42 — Zeus debout, dans une attitude de repos ; la tête, légèrement inclinée à gauche, est empreinte de bienveillance
attristée. La main droite, abaissée, tenait le foudre ; le bras
gauche, qui était rapporté et en partie couvert de la chlamyde, manque.

Bronze grec de la seconde moitié du ive siècle, d'un
modelé exquis, trouvé à Bologne ; publié dans *le Musée*,
vol. I, pl. VIII, p. 141.

Planche III.

     Haut., 145 millim. — Base en marbre de Tunisie.

43 — Jupiter debout, l'aigle à ses pieds. Travail gallo-romain.

     Haut., 7 cent. — Base en pierre dure.

44 — Jupiter assis, tenant le foudre. Travail romain.

     Haut., 65 millim. — Piédouche en jaune de Sienne.

45 — Jupiter debout, tenant le foudre de la main droite
abaissée. (Le bras gauche manque.) Bronze gallo-romain.

     Haut., 12 cent. — Base en jaspe.

46 — Jupiter debout. Travail gallo-romain. Belle patine.

     Haut., 8 cent. — Base en jaspe rouge.

47 — Véjovis debout, imberbe, la chlamyde posée sur l'épaule
gauche, il tient de la main droite un foudre et de la main
gauche une patère. (Le pied gauche est brisé.) Travail
italique.

     Haut., 7 cent. — Piédouche en quartz vert.

48 — Apollon lyricine. C'est le type de l'Apollon lycien et de l'Apollino de Florence : les jambes croisées, le bras droit reposant sur la tête, le bras gauche appuyé à la lyre. Travail grec du 1ᵉʳ siècle avant J.-C.

Haut., 85 millim. — Base en jaspe.

49 — Apollon nu, debout, le carquois en bandoulière. Joli bronze gréco-romain.

Haut., 8 cent. — Base en prime d'émeraude.

50 — Apollon debout, lauré, le carquois en bandoulière, tenant d'une main une flèche, de l'autre un arc. Asie-Mineure.

Piédouche en prime d'émeraude.

51 — Diane debout. Patine brune. Bronze romain trouvé dans le Tibre.

Haut., 20 cent. — Piédouche en jaspe vert.

52 — Diane debout, tenant de la main gauche une corne d'abondance.

Haut, 24 cent. — Socle antique en bronze.

53 — Diane debout, le carquois en bandoulière ; elle tient de la main gauche abaissée l'arc, et de la main droite levée un flambeau. Deux statuettes, dont une montée sur un piédouche en jaspe. Bon style romain.

Haut., 10 cent.

54 — Diane diadémée et vêtue de la tunique courte, le carquois en bandoulière, assise sur un rocher ; la jambe droite avancée et la main droite posée sur le genou.

Haut., 95 millim. — Piédouche en rouge antique et jaune de Sienne.

55 — Mars Ultor. Il est debout, coiffé d'un casque corinthien et armé d'une cuirasse et de jambières ; un *paludamentum* est jeté en écharpe sur le dos et enroulé autour des bras. De la main droite levée, il tient la lance ; la gauche, abaissée, est ouverte et reposait vraisemblablement sur un bouclier disparu. C'est sûrement un portrait, et le visage barbu, au nez

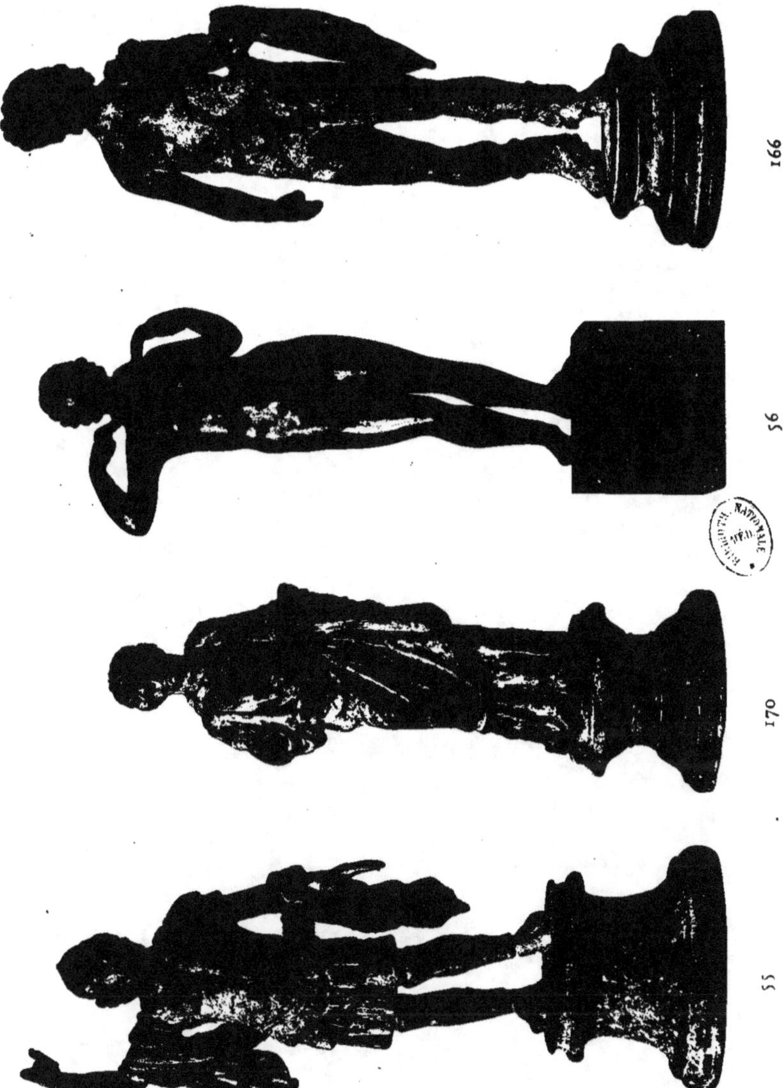
196
56
170
55

légèrement camus, ressemble à celui de l'empereur Albin. Si
le bronze est de ce règne, c'est sûrement une œuvre maîtresse
de l'époque. Socle original en bronze finement ciselé et
incrusté d'argent. Patine verte. (Collection Comines, Rome.)

Planche IV.

Haut., 23 cent.

56 — Vénus Anadyomène. Debout, complètement nue, elle lève
ses deux mains pour arranger sa chevelure humide. Ce motif
a été créé à l'époque des successeurs d'Alexandre. Cette
statuette appartient probablement au IIe siècle av. J.-C. et
peut être comparée aux terres cuites de Myrina. Le modelé
en est exquis ; la patine donne l'impression du jaspe vert.
Syrie.

Planche IV.

Haut., 18 cent. — Socle en porphyre.

57 — Vénus au miroir. Travail romain.

Haut., 95 millim.. — Base en lapis-lazuli.

58 — Vénus au ceste sous les traits de Julie, fille de Titus.

Haut., 10 cent. — Piédouche en bois.

59 — Vénus pudique. Le pied gauche cassé. Socle antique rectangulaire.

Haut., 17 cent. — Base en porphyre.

60 — Vénus pudique. Syrie. Belle patine verte. Les doigts de la
main droite brisés.

Haut., 14 cent. — Piédouche antique en bronze.

61 — Vénus pudique. Travail romain. Les pieds cassés.

Haut., 65 millim. — Piédouche en marbre noir.

62 — Vénus a sa toilette. La déesse est debout, entièrement
nue, la tête ceinte d'une *stéphané ;* de la main droite avancée, elle tenait probablement le miroir. Bon style romain.
Patine noire. La main droite brisée et le pied gauche refait.

Haut., 13 cent. — Piédouche en jaune de Sienne.

63 — Vénus Anadyomène. Syrie.

Haut., 13 cent. — Piédouche en jaune de Sienne.

64 — Vénus debout, entièrement nue, portant sa main droite à sa chevelure. De la main gauche avancée, elle tenait un miroir. Travail romain. Patine verte.

Haut., 15 cent. — Piédouche antique en bronze.

65 — Vénus debout, tenant une pomme de la main droite. Travail romain. (Variante de la Cnidienne.)

Haut., 8 cent. — Piédouche en rouge antique et granit.

66 — Vénus debout, la partie inférieure de son corps est enveloppée d'une draperie ; de la main droite, la déesse ajuste sa coiffure et de la main gauche, ramenée vers la poitrine, elle tenait un miroir. Bon style romain. Patine verte.

Haut., 19 cent. — Piédouche antique en bronze.

67 — Vénus Anadyomène. Travail romain.

Haut., 65 millim.. — Piédouche jaune de Sienne et rouge antique.

N° 70.

du Musée de Naples. Clarac, 2228 B.

Figure.

68 — Éros dansant et jouant des crotales. Bronze hellénistique d'Asie-Mineure. Le type est fréquent parmi les terres cuites.

Haut., 11 cent. — Base à incrustations
de marbres polychromes.

69 — Éros au vol. Bon style romain.

Haut., 5 cent. — Piédouche en lapis.

70 — Éros au dauphin. Lampe ayant la forme d'une figurine d'Éros qui s'avance, les ailes éployées, le bras droit tendu en avant, tenant sous le bras gauche un dauphin. Bon style gréco-romain. Cf. un bronze Comparez aussi l'*Enfant à l'oie*,

Haut., 20 cent. — Base en granit rose.

Pl. V

71 — Éros assis, tirant une épine de son pied. Travail romain.

Haut., 35 millim. — Piédouche en jaspe sanguin.

72 — Éros tirant de l'arc. Bon style romain.

Haut., 45 millim. — Piédouche en jaspe sanguin.

73 — Éros debout, tenant d'une main un papillon et de l'autre un flambeau. Bon style romain.

Haut., 75 millim. — Piédouche antique en bronze. Base en lapis-lazuli.

74 — Éros ailé, debout; il détourne la tête, son bras gauche est levé. Le bras droit, abaissé, tient un flambeau renversé. Bon style romain.

Haut., 11 cent. — Piédouche à incrustations de marbres polychromes.

75 — Éros a l'amphore. Il court, tenant de la main droite levée l'anse d'une amphore, dont la panse repose sur son épaule, et de la main gauche un flambeau. Bas-relief en bronze de travail gréco-romain; applique de meuble. Les ailes sont incrustées d'argent.

Haut., 55 millim. — Base en lapis.

76 — Mercure debout. Il porte la chlamyde sur l'épaule gauche et enroulée autour du bras gauche; sa main droite avancée tient une bourse. Travail gallo-romain. Trouvé en France.

Haut., 13 cent. — Piédouche en jaune de Sienne.

77 — Mercure debout, le corps reposant sur la jambe droite, la gauche ployée. De ses cheveux crépelés sortent deux ailes et ses chevilles sont également munies d'ailes. Il tient de la main droite, avancée, une bourse et de la gauche, abaissée, le caducée. Grande statuette de travail gallo-romain, trouvée en France.

Haut., 30 cent. — Base en jaune de Sienne.

78 — Mercure debout. Travail romain.

Haut., 75 millim. — Piédouche en prime d'émeraude.

79 — MERCURE debout, la *paenula* rejetée sur le bras gauche; de la main droite, il tient une bourse et de la main gauche, le caducée. Travail romain.

Haut., 65 millim. — Piédouche en marbre.

80 — MERCURE debout, coiffé du pétase ailé; sa *paenula,* agrafée sur l'épaule droite, s'enroule autour du bras gauche; de la main droite, abaissée, il tient une patère; de la gauche, il tenait le caducée. Bon style romain; patine brune.

Haut., 23 cent. — Base en vert antique.

81 — BUSTE DE MERCURE coiffé du pétase aptère. Bon style gréco-romain.

Haut., 17 cent. — Base antique finement ciselée.

82 — PETIT TERME à deux bustes adossés. C'est deux fois le buste de Mercure coiffé du pétase. Bon style gréco-romain; patine brune.

Haut., 95 millim.

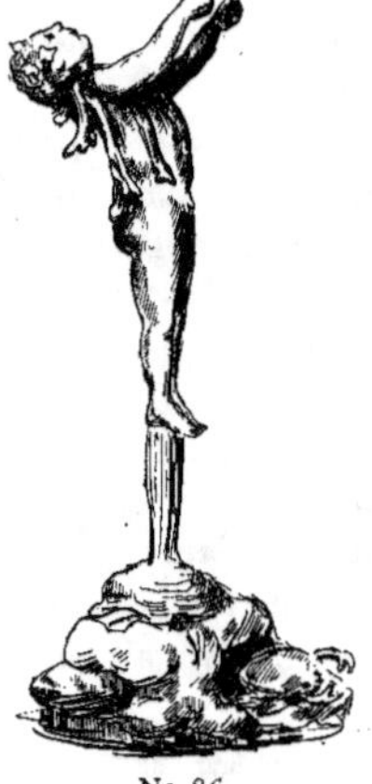

N° 86.

83 — BUSTE DE MERCURE. Style gallo-romain.

Haut., 7 cent.
Piédouche en jaune de Sienne.

84 — TÈTE D'ENFANT BACHIQUE. Asie-Mineure.

Haut., 8 cent.
Piédouche en jaune de Sienne.

85 — COURONNEMENT d'un petit terme à deux bustes de satyrisques adossés.

Haut., 26 cent. — D'après l'antique.

86 — ENFANT BACHIQUE couronné de lierre (en argent) et vêtu de la nébride. La tête rejetée en arrière, les bras tendus en avant, le corps raidi, il est soulevé par un grand jet d'eau sortant d'un rocher, hors d'une anfractuosité duquel se

132

glisse un crabe. Ravissant travail romain, sujet inédit.
Figure.

Haut., 14 cent.

87 — Satyre s'approchant à pas de loup, la jambe droite avancée, le cou tendu ; le bras gauche qui était levé et tenait probablement le thyrse, est brisé à l'épaule ; la jambe gauche, en retrait, est brisée au genou.

C'est une œuvre puissante de la belle période hellénistique, enveloppée encore de la noblesse du ve siècle. Cf. un vase attique (Coghill, 3, 4 ; Reinach, *Répertoire,* t. II, p. 2).
Planche V.

Haut., 15 cent. — Socle en porphyre.

88 — Jeune satyre a la chasse. Il s'élance, la jambe gauche avancée, le bras gauche replié et enveloppé de la nébride et lève le bras droit rejeté en arrière pour lancer un javelot. Spirituelle œuvre hellénistique ; patine noire.
Planche VIII.

Haut., 11 cent. — Socle en jaune antique.

89 — Jeune satyre debout. Une peau de panthère est posée sur son bras gauche avancé. Bon style étrusque.

Haut., 15 cent. — Socle antique en bronze.

90 — Silène jouant de la double flute. La tête couronnée d'une *ténie* ornée de baies, les formes trapues ; il avance en sautillant, jouant de la double flûte, le corps rejeté en arrière. Spirituel travail hellénistique.

Trouvé dans le Sud de l'Italie.
Planche V.

Haut., 11 cent. — Socle en granit gris.

91 — Silène courant. Il semble agité par la passion et lève le bras droit, avec un geste de dépit (Marsyas ?). Délicieuse petite figurine hellénistique.

Haut., 35 millim. — Socle en labrador et jaspe fleuri.

92 — Bustes de Silène et de Satyre. Bronzes alexandrins d'applique.

Haut., 8 cent.

93 — Bacchante. Buste à mi-corps de Bacchante. Elle est couronnée de lierre en fleur et relève un pan de sa nébride en guise de corbeille. Ce buste est fixé sur un disque finement ciselé, dont le décor simule la corolle d'une fleur. Délicieux travail hellénistique.

Figure.

Diam., 12 cent.

N° 93.

94 — Masque de bacchante, couronné de lierre, les yeux en argent.

Haut., 45 millim. — Piédouche en vert antique.

95 — Masque silénesque, le front couronné de lierre en fleur. Bon style romain.

Haut., 5 cent. — Piédouche en porphyre.

96 — Vase ovoïde, muni d'une anse en forme de figurine : un satyre qui pose les deux mains sur l'orifice du vase et regarde l'intérieur. Spirituelle œuvre hellénistique. Une figurine analogue est au musée de Naples.

Haut., 23 cent.

97 — Asclépios. Beau buste de l'école de Lysippe. Patine vert pâle.

Figure.

Haut., 12 cent. — Socle en velours rouge.

98 — Hercule debout au repos ; type de l'Hercule Farnèse. Le
bras gauche manque. Très
beau bronze de l'école de
Lysippe.

Haut., 10 cent.
Base en porphyre.

99 — Hercule bibax titubant.
Bon style romain.

Haut., 6 cent.
Piédouche en marbre

100 — Athlète ou Hercule
imberbe. Il est debout, entièrement nu, la tête inclinée ; le corps repose sur la
jambe droite, et la gauche
est légèrement ployée ; le
bras gauche, abaissé, tenait
probablement la massue.
Bronze ptolémaïque.

N° 97.

Haut., 20 cent. — Base en porphyre.

101 — Hercule étranglant le lion de Némée. Petit bronze
d'applique de travail romano-égyptien.

102 — Hercule et Antée. Bronze romano-égyptien.

Haut., 14 cent. — Base en porphyre et jaune de Sienne.

103 — Héraclès brandissant la massue. Travail italiote.

Haut. 11 cent. — Piédouche en rouge antique.

104 — Hercule brandissant la massue. Travail étrusque.

Haut., 9 cent. — Piédouche en aventurine.

105 — Hercule debout, imberbe, couvert de la dépouille du
lion. La main droite, levée à la hauteur de la tête, est
armée d'une massue ; la gauche, tendue en avant, tient une
pomme. Bon style étrusque. Belle patine verte.

Haut., 15 cent. — Piédouche en agate.

3

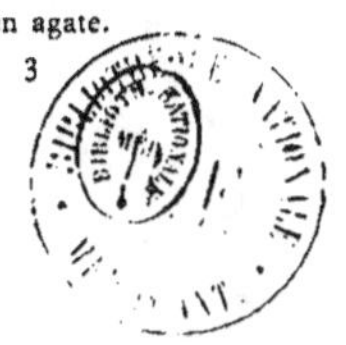

106 — HERCULE, debout, imberbe, couvert de la dépouille du lion ; de la main droite levée, il brandit la massue, et de la main gauche avancée, il tient une pomme.

Haut., 15 cent. — Piédouche rectangulaire antique, en bronze.

107 -- HERCULE étrusque. (Cf. Reinach, *Répertoire,* t. II, vol. I. p. 203, n° 3.)

Haut., 115 millim. — Piédouche en vert antique.

108 — HÉRACLÈS archer. Sujet très rare. Les pieds brisés. Égypte. Patine verte. (Cf. Reinach, *Répertoire*, t. II, vol. I, p. 206. — Gal Pourtalès, pl. 45, n° 626.)

Haut., 65 millim. — Piédouche en améthyste.

109 — NIKÉ archaïque. Elle est diadémée et vole vers la gauche (attitude archaïque de la course). Bas-relief ajouré, de style ionien, trouvé en Sicile.

Haut., 95 cent.

110 — NIKÉ à genoux. Ses jambes sont serrées l'une contre l'autre ; ses bras, nus et abaissés symétriquement, retiennent la partie bouffante du chiton.

Le plus ancien exemple de ce type est un fragment de marbre du musée de Naples. Il a été publié par le statuaire Auguste Rodin dans *le Musée,* vol. I, pl. VI, p. 116.

Planche VIII.

Haut., 8 cent. — Socle en aventurine.

111 — NIKÉ (οἰνοχεοῦσα). Elle vient de toucher terre et s'avance, battant des ailes, sur la pointe des pieds. De la main droite levée, elle tenait probablement l'oenochoé ; de la main gauche abaissée, elle devait saisir la coupe qu'elle allait remplir. Son peplos, en diploïdon, aux plis profonds, est agité par le souffle de l'air. Une ténie plissée couvre le front. Bronze grec du IIIe siècle avant J.-C.

Planche VII.

Haut., 25 cent. — Socle en granit rose.

112 — VICTOIRE debout. Deux figures de travail romain.

Haut., 11 cent. et 95 millim.
Socle antique en bronze et piédouche en lapis.

IIIa III   IIIb

113 — Victoire debout. Travail romain.

Haut., 10 cent. — Piédouche antique en bronze.

114 — Victoire stéphanéphore, debout sur un globe. Elle est vêtue du double chiton talaire serré à la taille par une ceinture. De la main droite étendue, elle tient une couronne, et, de la gauche abaissée, une palme. Bon style romain. C'est probablement une copie de la statue de Tarente qu'Auguste avait fait placer dans la Curia Julia, la salle du Sénat romain.

Haut., 15 cent. — Piédouche en marbre.

115 — Tutela de ville. La déesse est assise, coiffée de la couronne murale (porte de ville fortifiée); elle tient de la main droite une lance et de la main gauche une corne d'abondance.

Trouvée à Rome.

Planche XII.

Haut., 27 cent. — Base antique en bronze.

116 — Figurine de divinité, assise sur un trône. Bronze phénicien.

Haut., 7 cent.

117 — Enfant nageant. C'est la représentation des étoiles disparaissant à l'approche du char du Soleil. (Cf. un cratère de la collection de Blacas, Panofka, *Musée Blacas,* pl. XVII.)

Haut., 75 millim. — Piédouche en jaune de Sienne.

118 — Pan assis, tenant des fruits. Spirituel travail romain.

Haut., 4 cent. — Piédouche en jaune de Sienne.

119 — Narcisse. Il est debout, dans une pose de gracieux abandon, la tête inclinée, regardant son image refletée dans l'eau. Charmant travail gréco-romain.

Haut., 11 cent. — Socle en lapis-lazuli.

120 — Hypnos debout. Travail romain.

Haut., 65 millim. — Base en rodanite.

121 — Divinité fluviale. Tête juvénile ayant des oreilles et des cornes de taureau. Cf. le buste en hermès de Bacchus jeune, avec des cornes de taureau, au Vatican (Visconti, *Museo Pio Clementino,* t. VI, pl. VI, n° 1).

Haut., 45 millim. — Piédouche antique.

122 — Nymphe d'une source. Elle est couchée et verse l'eau d'un vase qu'elle tient à deux mains. — Applique de meuble.

Haut., 7 cent.; long., 10 cent. — Base en marbre de Tunisie.

123 — Trois nymphes adossées les unes aux autres, soutenant une coquille sur laquelle est posé un sceptre entouré de trois petits Éros. Travail romain. Cf. le marbre du Louvre (Reinach, *Répertoire,* t. I, p. 164).

Haut., 9 cent. — Piédouche en jaspe sanguine.

124 — Priape barbu, coiffé d'un bonnet asiatique et vêtu d'une longue robe ouverte par devant, dans un pan de laquelle il porte des fruits.

Haut., 5 cent. — Piédouche en jaspe vert.

125 — Hermaphrodite debout. Anse de vase.

Haut., 6 cent.

126 — Centaure. Partie d'un groupe. Le Centaure se débat, ployant, plein de douleur, sous une étreinte vigoureuse. Il existe à Florence (*Galerie de Florence,* t. I; Clarac, *Statues antiques de l'Europe,* 2005) un groupe, en marbre, représentant Hercule terrassant un centaure. Le Centaure est identique au bronze Warneck; mais la figure d'Hercule semble une invention du xvie ou du xviie siècle. Ceci me fait penser que le bronze Warneck pourrait bien être une copie du xvie siècle, faite d'après un fragment antique ; il a été pourtant trouvé dans le Tibre.

Planche XII.

Haut., 33 cent.; long., 42 cent. — Base en rouge antique.

127 — Théophané couchée sur un bélier. Bronze d'applique de style étrusque. Patine verte.

Haut., 45 millim.; long., 55 millim. — Piédouche en jaspe vert.

138
159
88
144
158
110
160
188
192
181
184
199

128 — Génie mythriaque.

Haut., 65 millim. — Piédouche en jaspe.

129 — Lare debout, vêtu d'une tunique courte et chaussé de
bottines. De la main droite il lève un rhyton, et de la main
gauche abaissée, il tient une corne d'abondance. Travail
romain.

Haut., 9 cent. — Piédouche en quartz.

130 — Lare. Il tient de la main gauche levée un rhyton et de
la main droite abaissée, une patère.

Haut., 10 cent. — Piédouche antique en bronze.

Les Lares tiennent le rhyton, tantôt de la main droite, tantôt de la
main gauche, de façon à être disposés par paires. Ovide dit : « Bina
gemellorum quærebam signa deorum » *(Fastorum,* lib. V, v. 143) et les
peintures de Pompéi les montrent souvent se faisant pendant.

131 — Lare debout.

Haut., 10 cent.

b) Monuments légendaires et civils

132 — Héros grec. Il est debout, le poids du corps repose
sur la jambe droite, la gauche ployée est reportée en
arrière. Du bras gauche, plié à hauteur de l'aisselle, il devait
tenir une lance ; le bras droit s'abaisse négligemment, avec
un geste plein de grâce. C'est le corps vigoureux d'un
athlète ; mais la pose assure à tous les membres cet équi-
libre harmonieux qui enveloppait les œuvres grecques du
ve siècle av. J.-C. d'une si exquise noblesse. Le regard
exprime le commandement.

Trouvé dans le Tibre.

Planche VI.

Haut. sans le socle, 30 cent.
Base originelle en bronze. Socle en granit rose.

133 — L'Éducation d'Achille. Le centaure Chiron enseignant

à Achille le jeu de la lyre. Appliqué en bronze. (Cf. *Pitt. d'Ercolano*, t. I, pl. VIII; Gori, *Mus. Flor.*, II, 25, 2.)

Figure.

134 — GUERRIER s'armant. Joli bronze étrusque archaïque.

Vente Billoin, n° 317.

Haut., 9 cent.
Socle en rouge antique.

N° 133.

135 — GUERRIER ITALIQUE debout. Il est imberbe, coiffé d'un casque orné d'un cimier en forme de tête de cygne à grande *crista;* la cuirasse est garnie de lambrequins. De la main droite levée, il tenait la lance. Bronze archaïque de l'Italie centrale.

Haut., 19 cent. — Piédouche en bois.

136 — HOPLITE debout en attitude de combat, la jambe gauche en avant. Le bras droit levé était armé d'un javelot; le bras gauche replié tenait le bouclier. Bronze péloponésien du VIe siècle.

Figure.
Vente Billoin, n° 315.

Haut., 12 cent. — Piédouche en marbre.

137 — GROUPE FUNÉRAIRE. Un jeune Étrusque en costume servile, armé d'un glaive, et une jeune femme richement vêtue et parée de bijoux, soutiennent le corps raidi d'un guerrier mort. Couronnement d'une ciste de Préneste posé sur une base antique rectangulaire.

Planche IX.

Haut., 77 millim.

138 — JEUNE ROMAIN debout, drapé dans sa toge. Joli bronze du siècle d'Auguste.

Planche VIII.

Haut., 125 millim. — Base en rodanite.

257

137

256

139 — Sacrificateur étrusque debout, tenant de la main droite abaissée une patère. Belle patine.

Haut., 11 cent. — Piédouche en jaspe sanguin.

140 — Jeune Étrusque debout, tenant de la main droite un petit vase (le pied droit brisé). Patine noire.

Haut., 11 cent.
Piédouche en granit rose.

141 — Jeune homme debout, entièrement nu, tenant de la main droite une faucille et de la main gauche une pomme. Travail étrusque.

Haut., 10 cent.
Piédouche antique en bronze.

142 — Jeune étrusque debout, tenant une pomme de la main gauche avancée.

Haut., 13 cent.
Socle antique.

143 — Adolescent nu, avançant vivement, le bras gauche tendu en avant. Bon style gréco-romain.

N° 136.

Haut., 225 millim. — Base en granit rose.

144 — Cavalier barbare galopant vers la gauche. Il est drapé dans son lourd manteau doublé de fourrure et retourne vivement la tête.

Planche VIII.

Haut., 10 cent. — Base en vert antique.

145 — Esclave alexandrin a la cangue. Patine noire. Cf. Coll. Dutuit, pl. XL, n° 39.

Haut., 8 cent.

146 — Légionnaire romain debout. Statuette d'applique.

Haut., 95 millim. — Piédouche en quartz.

147 — Légionnaire debout. Figurine se détachant sur une forme de sandale. Enseigne de cordonnier militaire.

Long , 16 cent.

148 — Imperator debout. Travail romain.

Haut., 42 millim. — Piédouche en jaune de Sienne et porphyre.

149 — Femme debout, drapée, tenant une fleur. *(La Spes)*. Travail romain.

Haut., 75 millim. — Piédouche en serpentine.

150 — Jeune homme debout. Travail étrusque.

Haut., 6 cent. — Piédouche en rouge antique.

151 — Pontife romain debout.

c) Jeux.

152 — Pugiliste au repos. Il est debout, campé fièrement avec un air de bravade, le corps trapu et musculeux, les mains armées du ceste. Joli bronze hellénistique (motif inédit).

Figure.

Haut., 11 cent. — Socle antique.

153 — Acteur comique assis. Spirituel travail hellénistique.

Haut., 45 millim.
Piédouche en améthyste.

Nº 152.

154 — Mirmillon à genoux, dans l'attitude du combat. Travail romain.

Haut., 45 millim. — Piédouche en bois.

168   238   168*a*

155 — Grotesque. Nain alexandrin, dansant et jouant des crotales. Bronze alexandrin, d'un réalisme un peu choquant.
(Cf. le bronze au musée de Naples, *Ant. Ercol*, t. II. p. 367.)

Haut., 13 cent. — Socle en vert antique, porphyre et brocatelle antique.

156 — Grotesque. Nain alexandrin dansant et jouant des crotales.

Haut., 10 cent. — Base en jaune de Sienne.

157 — Grotesque. Bossu aux formes grêles et chétives, coiffé
d'un bonnet pointu. Il danse en agitant les crotales et faisant
des contorsions bouffonnes. Spirituelle figurine de travail
alexandrin.

Haut., 5 cent. — Base en rodanite grecque et en serpentine.

158 — Discobole. Il est debout, dans une pose d'exercice (attente
au signal du pédotribe) : le corps presque de face, la tête
tournée à gauche ; le bras droit abaissé tient le disque, le bras
gauche est levé, de manière que la main étendue à plat
touche la tête. Bronze étrusque archaïque, d'un modelé très
vigoureux. Belle patine d'un vert pâle luisant.

Planche VIII.

Haut., 11 cent. — Socle en vert antique.

159 — Discobole. Il vient de lancer le disque et le suit des yeux.
Bronze étrusque archaïque d'une belle ligne (inédit).

Planche VIII.

Haut., 9 cent. — Socle en porphyre.

160 — Discobole. Jeune athlète debout, tenant de la main droite
abaissée le disque, et avançant la main gauche, les doigts
pliés, de façon à indiquer le chiffre deux. Variante du discobole Torlonia. Joli bronze grec.

Planche VIII.

Haut., 11 cent. — Socle antique en bronze. Base en jaune de Sienne.

161 — Phalère de cheval. Une figurine de cheval de course, en
ronde bosse, est fixée au milieu d'un disque ajouré, orné
d'incrustations en argent représentant des pampres. Aux

pieds du cheval est une tablette à l'inscription TΛCVS, incrustée d'argent.

Figure.

Haut., 11 cent.
Base en lapis-lazuli.

N° 161.

162 — MASQUE TRAGIQUE. Travail alexandrin de toute finesse.

Haut., 45 millim.
Base en pierre dure.

163 — MASQUE COMIQUE, la bouche en entonnoir et munie d'une passoire; applique de situle. Beau travail hellénistique.

Haut., 5 cent.
Piédouche en vert antique.

164 — MASQUE SCÉNIQUE : Silène, la bouche étirée, la barbe bouclée. Spirituel travail hellénistique.

Haut., 9 cent. — Piédouche en vert antique.

165 — ENFANT jouant à la *morra*. Bronze étrusque.

Haut., 8 cent. — Base en marbre noir.

d) Iconographie.

166 — ALEXANDRE LE GRAND, debout, la chlamyde jetée sur l'épaule et enroulée autour du bras gauche. Il est chaussé d'endromides en peau de bête ; du bras droit il s'appuyait à la lance. Statuette grecque du IIIe siècle avant J.-C. Trouvée dans le Tibre. S. Reinach (*Revue archéologique*, t. V, 1905, 1er fasc.) croit que ce type a été créé au IIIe siècle, sous la

N° 164.

double influence de la statue de Léocharès et de l'Alexandre
Hélios de Charès de Lindos, élève de Lysippe. Cf. la
statuette du baron Edmond de Rothschild (Cat. coll.
Tyskiewicz, par Froehner, pl. X).

Planche IV.

Haut., 23 cent. — Socle antique.

167 — PORTRAIT D'UN ROMAIN. Presque entièrement chauve, les
yeux enfoncés, les pommettes saillantes, le nez busqué. C'est
le même personnage qui est représenté par un buste du
Louvre qu'on a appelé Lépide ; il ressemble davantage à
Marcus Claudius Marcellus, le vainqueur de Syracuse.
Voyez son effigie sur les médailles. (Cohen, pl. XII, 4.)

Haut., 4 cent. — Piédouche en jaspe vert.

168 — PORTRAIT D'UN JEUNE ROMAIN. La figure osseuse, le nez
aquilin, les yeux enfoncés, la mâchoire volontaire, il fait
penser à ces hommes de volonté tenace et d'esprit tour-
menté, qui marquèrent une trace si profonde au Ier siècle
avant J.-C., tels que Marcus Brutus, auquel il ressemble un
peu. Buste en bronze d'un travail exquis, trouvé à Boscorealę
(fouilles de Prisco), dans la villa d'où a été retiré le célèbre
mobilier de Berlin, le taureau de la collection Guilhou et
les idoles alexandrines en argent du musée de Naples.

Planche X.

Haut., 10 cent. — Base en jaune de Sienne.

169 — AUGUSTE, buste lauré et cuirassé. Fragment d'un peson
de balance.

Haut., 9 cent. — Base en rouge antique.

170 — LIVIE en Cérès. Elle est debout, drapée, dans une pose
pleine de noblesse ; de la main gauche avancée elle tenait
une gerbe d'épis ; l'avant-bras droit manque. Superbe
sculpture grecque du siècle d'Auguste. Ancienne collection
Martinetti.

Planche IV.

Haut., 20 cent. — Socle antique en bronze.

171 — Livie en Fortune. Elle est debout, drapée de la stola, dont un pan est enroulé autour du bras gauche ; elle tenait de la main gauche une corne d'abondance (il en reste un fragment). L'avant-bras droit manque.

Haut., 14 cent. — Socle en marbre rouge antique et vert antique.

172 — Caligula. Petite tête en bronze d'un modelé exquis.

Haut., 5 cent. — Base en jaspe vert.

173 — Buste de jeune Romain.

*Haut., 14 cent. — Piédouche antique en bronze
à incrustations d'argent (palmettes, méandres, etc.).*

174 — Buste d'enfant. Bronze d'applique. Bon style romain.

175 — Tête d'enfant, les prunelles des yeux en argent. Peson de balance. Travail romain.

Piédouche en jaspe.

e) Fragments de statuettes.

176 — Bras gauche d'une statue grecque, la main à demi-ouverte. C'est le bras d'un athlète ou d'un Hercule de l'école de Lysippe, la facture en est magistrale.

Long., 26 cent.

177 — Jambe gauche de statuette grecque du ive siècle av. J.-C.

Haut., 9 cent. — Socle en serpentine.

f) Animaux fantastiques.

178 — Deux sphinx tenant un masque de Gorgone entre leurs pattes. Ornement de miroir. Délicieuse sculpture de style ionien. Belle patine vert d'eau. Publiée dans le *Musée*, vol. I, pl. XI, p. 262.

Planche XIII.

Long., 16 cent.

Pl. XII

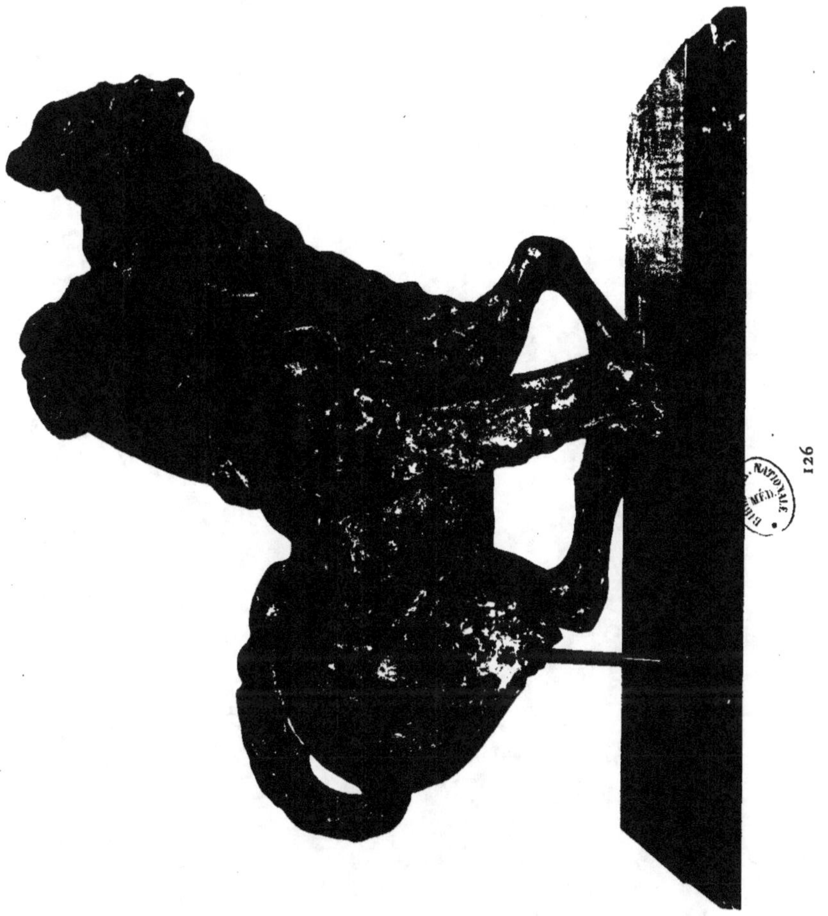

179 — Sᴘʜɪɴx. Anse de vase étrusque de style ionien, amorti par un
sphinx dont le corps est
dédoublé, posant les
pattes de devant sur un
masque barbu. Motif
oriental ; voyez aussi
les monnaies d'Athènes
avec le corps de la
chouette dédoublé.

Figure.

180 — Gʀɪꜰꜰᴏɴ aux prises
avec un serpent. Beau
travail romain.

Figure.

Haut., 9 cent.
Piédouche en jaspe.

N° 179.

181 — Dʀᴀɢᴏɴ. Travail romain. Piédouche antique en bronze à
moulures et à bas-re-
liefs ; au centre, un
masque de Méduse.

Planche VIII.

Haut., 24 cent.; larg., 20 cent.
Base en porphyre.

182 — Hɪᴘᴘᴏᴄᴀᴍᴘᴇ conduit
par un Éros.

Piédouche en vert antique.

N° 180.

g) **Animaux.**

183 — Lɪᴏɴ accroupi, de
style archaïque. Pied de meuble.

184 — Lɪᴏɴ debout, tournant la tête à gauche; il lève la patte
gauche antérieure. Beau travail romain.

Planche VIII.

Long., 15 cent.; Haut., 10 cent. — Piédouche en porphyre.

185 — Lionne passant, la tête basse et menaçante. Superbe travail hellénistique, monté sur un socle antique en bronze.

Hauteur totale, 11 cent.

186 — Tête de lion. Vigoureux travail au repoussé sur une seule plaque métallique; les yeux en émail. Art étrusque de la fin du vi^e siècle.

187 — Tigre posant la patte antérieure gauche sur une tête de bélier.

188 — Panthère femelle levant sa patte droite de devant et tournant à droite la tête menaçante; le cou est entouré de lierre, les moucheтures du pelage sont indiquées par des entailles qui servaient d'encoches à des incrustations d'argent. Beau travail gréco-romain.

Planche VIII.

Base en jaspe rouge.

189 — Tête de panthère, la gueule béante; les yeux sont évidés et devaient avoir des prunelles en pierre dure.

190 — Lynx accroupi levant la tête. Étude pleine de réalisme. Belle patine.

191 — Éléphant.

192 — Cheval marchant au pas. Beau travail romain. Belle patine.

Planche VIII.

Haut., 11 cent. — Piédouche en pierre dure

193 — Cheval tombant.

194 — Cheval au galop.

195 — Cheval au pas.

Haut., 11 cent. — Base en vert antique.

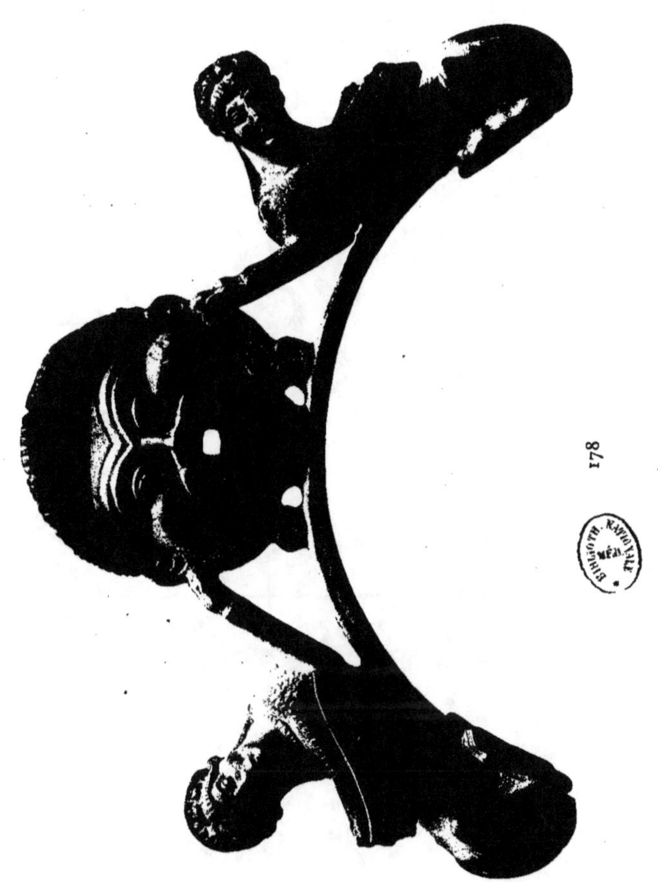

178

196 — CHEVAL broutant les feuilles d'un arbrisseau.

Piédouche en granit rose.

197 — TÊTE DE MULET.

Piédouche en jaspe rouge.

198 — TAUREAU cornupète à gauche. Il est paré de bandelettes de sacrifice. Bronze d'applique. Travail gréco-romain.

199 — JEUNE TAUREAU en marche, la tête relevée, la queue arquée. Socle antique en bronze.

Planche VIII.

Haut., 9 cent.

200 — AUTRE.

201 — BŒUF. Belle patine.

Piédouche en lapis.

202 — BŒUFS. Deux statuettes.

Piédouches en jaune de Sienne et en vert antique.

203 — DAIM effrayé. — Cerf courant.

204 — BOUC debout. Beau bronze grec du ve siècle. Belle patine.

Base en jaune de Sienne.

205 — CHÈVRE assise — Chèvre debout.

206 — TÊTE de bélier.

Piédouche en marbre.

207 — TÊTE de sanglier.

208 — LA TRUIE de Lavinium, allaitant ses petits. Bronze d'applique.

209 — CHIEN assis.

Piédouche en porphyre,

210 — Tête de chien.

Piédouche en jaspe rouge.

211 — Deux statuettes de chat. Travail étrusque.

212 — Lapin.

213 — Souris grignotant.

214 — Souris tenant de ses pattes antérieures un masque de comédie (manche de couteau).

215 — Lézard.

216 — Aigle tenant entre ses serres une tête de bélier.

217 — Aigle, les ailes éployées, perché sur un chapiteau de colonne. Beau travail romain.

Piédouche en forme de colonne en marbre.

218 — Aigle saisissant un lièvre.

Base en améthyste.

219 — Vautour.

210 — Coq.

221 — Canard.

222 — Perroquet.

223 — Chouette.

224 — Dauphin. Belle patine.

Base en vert antique.

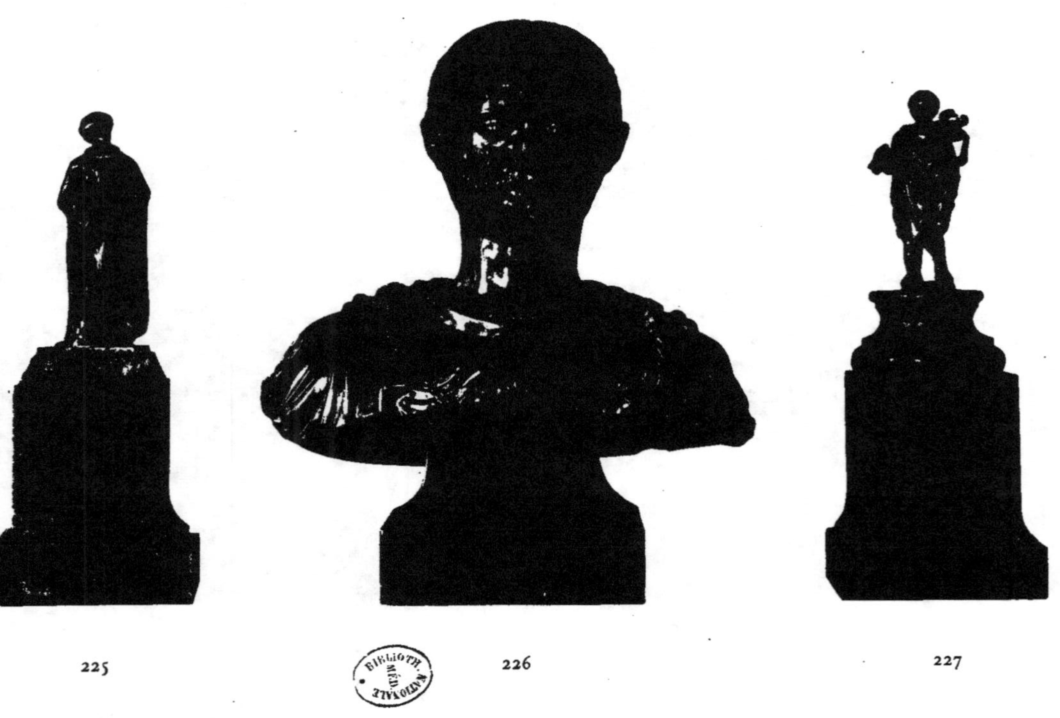

225   226   227

IV

FIGURINES EN PIERRE DURE

EN OR ET EN ARGENT

225 — MUSE debout. Ravissante statuette en prime d'émeraude. La tête, en or, a été ciselée probablement au xvi° siècle. (Anc. collection du marquis Campanari).

Planche XIV.

Haut., 6 cent.

226 — BUSTE cuirassé d'un empereur romain de la fin du iii° siècle de l'ère chrétienne (Aurélien?). La tête est en ébonite, la cuirasse en calcédoine. Rome.

Planche XIV.

Haut., 10 cent. — Piédouche en calcédoine.

227 — MERCURE debout, drapé dans sa *paenula*, tenant de la main droite avancée une bourse et de la main gauche abaissée un caducée ailé. Statuette de laraire en or massif finement ciselé. Trouvée à Rome.

Planche XIV.

Haut., 5 cent. — Piédouche en lapis.

227 *bis* — SATYRE debout, une grappe de raisin à la main droite. Statuette en argent.

Haut., 9 cent. — Piédouche en jaspe.

228 — VICTOIRE debout sur un globe, les ailes éployées, tenant des deux mains des gerbes d'épis. Statuette en argent doré.

Haut., 35 millim. — Piédouche en lapis et quartz.

229 — VICTOIRE. Statuette en argent (piédouche en jaspe). — VÉNUS accoudée sur une colonne, couronnement d'épingle de cheveux.

5

230 — L'Abondance debout, drapée, la coiffure ornée des attri-
buts d'Isis, tenant de la main gauche une corne d'abondance
et de la main droite une patère. Statuette de laraire en
argent.

Socle antique en bronze.

231 — Femme debout, diadémée et drapée, tenant de la main
droite un miroir et de la gauche un bouquet de pavots; à ses
pieds, une ciste. Statuette de laraire en argent doré.

Haut., 45 millim. — Socle en lapis.

232 — Harpocrate panthé. Statuette de laraire en argent.

Piédouche en jaspe.

V

ARMES ET USTENSILES
EN BRONZE

233 — Casque italique à géniastères; au sommet, un bouton
ciselé. Bordure en torsade. Belle patine vert clair. Conservation irréprochable. (Ancienne collection Bourguignon.)

234 — Poignée d'épée en bronze. Travail romain.

Long., 19 cent.

235 — Belle épée avec poignée en bronze ciselé ; lame à ner-
vures et dentée près de la soie.

Long., 44 cent.

236 — Fibule en bronze, à bâtonnets, éperon
et fragments divers.

237 — Fragments de ceinture en bronze,
revêtus de légères plaques d'or à dessin
repoussé. Entre des ornements (fleurons
et bordures d'annelets et ondes) sont
réservés des rectangles contenant trois
figures : une femme entre deux hommes.
Style excessivement ancien.

Figure.

N° 237.

238 — Lampe de Boscoreale. Sur le cou-
vercle : amour enfant, nu, ailé, tenant de la main droite
un flambeau abaissé et soulevant le bras gauche avec un
geste apeuré. La panse de la lampe est ornée de feuilles

d'acanthe ; la poignée est composée d'un bouquet de feuilles, d'où sort une tête de canard. (*Mon. antich.*, t. VII, p. 431.)

Planche X.

Haut., 20 cent.

239 — Lampe en forme de tête de taureau, parée de bandelettes. La poignée est surmontée d'une feuille de lierre. Beau travail gréco-romain ; belle patine. (Cf. Froehner, Cat. de la collection Dutuit, n° 71.)

Long., 14 cent.

240 — Lampe. Poignée à fleuron ; sur les côtés de la cuvette, deux mufles de lion. Travail gréco-romain.

Piédouche en jaune de Sienne.

241 — Lampe. Poignée en forme de croissant. Travail romain.

Piédouche en marbre.

242 — Lampe en forme de crapaud.

243 — Lampe. Pied droit chaussé d'une sandale à courroies. Travail romain. (Cf. Froehner, Cat. de la collection Dutuit, n° 73.)

244 — Lot de petits supports de meubles en forme de pieds nus ou chaussés de sandales (*crepida*).

245 — Cycnus. Clef de fontaine surmontée d'une figurine.

246 — Miroir grec à couvercle. Applique représentant un éphèbe à genoux, luttant contre une panthère. IIe siècle av. J.-C.

Diam., 11 cent.

247 — Plaque ajourée et ornée de reliefs, représentant un temple à colonnes corinthiennes. Au centre, une statuette d'Éros au vol. Beau travail gréco-romain.

Diam., 14 cent.

248 — Trapézophore ou pied de table. Protomé de lion enté

dans un bouquet de feuilles qui amortit une griffe de lion.
·Travail gréco-romain.

Haut., 35 cent.

249 — TRAPÉZOPHORE. Figure à mi-corps d'Éros entée dans un
bouquet de feuilles qui amortit une griffe de lion. Travail
gréco-romain.

Haut., 32 cent.

250 — HEURTOIR DE PORTE. Deux dauphins se détachant sur une
tige festonnée. Superbe patine vert clair.

Haut., 13 cent. 1/2.

N° 255.

251 — PETIT VASE DE TOILETTE, de forme ovoïde, à décor de
feuilles d'acanthe et de rinceaux. Travail gréco-romain
d'une grande finesse.

Haut., 65 cent.

252 — DEUX PETITES PASSOIRES italiotes, munies chacune de
deux anses amorties par des têtes de cygne. Travail d'une
finesse extraordinaire.

253 — DEUX STRIGILES, une clef et divers fragments.

254 — SISTRE.

255 — CISTE DE PRÉNESTE. Elle repose sur trois griffes de lion
amorties par des masques juvéniles. L'anse du couvercle est
formée de deux figurines de femmes nues, debout, et se
tenant par les épaules.

Le cylindre est orné de dessins au trait : Bellérophon,

tenant Pégase par la bride, s'approche d'un jeune homme
assis sur un rocher (divinité locale de Corinthe ?) ; entre eux,

N° 256.

une palme et un bouclier ayant pour épisème un gorgonéion ;
une colombe et des chouettes planent dans l'air ; plus loin est

N° 256.

représentée une scène de congé : un guerrier, de face,
ceignant son épée, reçoit une libation que lui offre une jeune

femme ; derrière ce groupe, on voit une femme âgée et voilée, suivie d'un enfant.

Voyez la gravure.

Haut., 32 cent.

256 — CISTE DE PRÉNESTE. Elle repose sur trois griffes de lion, amorties par des lions en arrêt de style archaïque. Le cylindre est orné de dessins gravés, ayant trait probablement à la légende de l'enlèvement d'Hélène par Pâris. Dans un édifice, représenté par deux colonnes, on voit un jeune homme debout, consultant un vieillard assis ; à droite, Mercure, accoudé à une colonne ; plus loin, une servante chaussant une jeune femme, et ensuite, deux femmes devant une vasque.

Sur le couvercle sont dessinés au trait des monstres marins, un hippocampe et une *pistrix*.

La poignée du couvercle est ornée de deux figurines : faune et faunesse debout.

Planche IX et gravures.

Haut., 30 cent.

N° 257.

257 — CISTE DE PRÉNESTE. Elle repose sur trois griffes de lion, dont les attaches sont masquées par des appliques représentant des lions en arrêt. Une panthère accroupie, en ronde-bosse, forme la poignée de la ciste ; autour de la boîte sont rivés des boutons qui soutiennent des groupes de chaînettes.

Le graffitte représente des éléments tirés de divers sujets helléniques. On voit d'abord Achille pleurant sur le corps de Patrocle ; ensuite, deux athlètes, et plus loin, deux personnages en costumes asiatiques.

Sur le couvercle, Hercule tuant Cacus.

Planche IX et gravures.

Haut., 25 cent.

258 — CONTENU DES CISTES décrites aux nᵒˢ 245-247 : *loculus* ou boîte à fards en bois, ayant la forme d'un pigeon au repos ; boîte en bois sculpté à décors de guirlandes ; peignes, épingles de cheveux et objets divers de toilette. (Fernique , *Étude sur Préneste*, p. 207.)

N° 262.

259 — CANDÉLABRE étrusque. Statuette de jeune homme tenant un oiseau et posée sur un triskèle.

Haut., 5o cent.

260 — PATÈRE de sacrifice. Le manche en forme de figurine d'éphèbe, la main gauche sur la hanche, la main droite levée et soutenant la patère. Beau travail étrusque du iii siècle av. J.-C.

Haut., 34 cent.

261 — CUILLÈRE de sacrifice. C'est une petite situle ovoïde finement ciselée, à dessin de plumes, d'ondes et d'oves ; elle est munie d'une longue tige ornée d'une tête de Silène et de palmettes, et amortie par une tête de mulet. Beau travail étrusque. Belle patine.

Long., 45 cent.

262 — Miroir étrusque. Lutte de Pelée et Thétis. Le dessin est copié des vases grecs du ve siècle. Bordure de feuilles de lierre, terminée en bas par une fleur de lotus. Manche amorti par une tête de mulet. Belle patine.

Figure.

Haut., 27 cent.

N° 264.

263 — Miroir étrusque du iiie-iie siècle av. J.-C. Dionysos et Ariane ; devant eux, la Victoire. Bordure de laurier. Manche amorti par une tête de mulet. Belle patine.

Haut., 32 cent.

264 — Miroir étrusque gravé du iie siècle av. J.-C. Hercule assis sur un rocher ; une Victoire, debout devant lui, lui offre une

6

bandelette agonistisque. Bordure de laurier. Poignée se terminant en tête de mulet.

Figure.

Haut., 3o cent.

265 — Miroir étrusque du IIIe-IIe siècle av. J.-C. Les Dioscures et Hélène. Guirlande de laurier au pourtour. Manche terminé par une tête de mulet.

Figure.

Haut., 26 cent.

266 — Miroir étrusque. Les Cabires et Minerve. Manche amorti par une tête de mulet.

Haut., 27 cent.

267 — Miroir étrusque. Même sujet. Gravure sommaire.

Haut., 26 cent.

268 — Fragment de miroir étrusque. Les Cabires.

269 — Miroir étrusque. Gravure suspecte.

270 — Situle étrusque en forme de tête de femme (Lasa?). La tête est diadémée et parée de bijoux, deux petites ailes ornent ses tempes. Belle patine.

N° 265.

271 — Situle étrusque en forme de tête de femme parée de bijoux.

Haut., 1o cent.

272 — Tête de femme. Travail étrusque. Boîte à cachet avec couvercle à charnière.

Piédouche en lapis-lazuli. — Haut., 6 cent.

273 — Petite situle étrusque. Belle patine vert clair.

274 — Grande situle étrusque, l'orifice traversé par une anse en forme de serpents enroulés. Belle patine.

275 — Gourde étrusque à col effilé, en bronze plaqué d'argent, ornée au repoussé de plusieurs zones de rinceaux, oves, palmettes, etc.

276 — Anse de vase étrusque. Forgeron au travail. (Voyez le dessin dans Froehner, Catal. de la collect. Gréau, n° 221.)

277 — Deux oreilles de vase étrusque. Masques de Méduse.

278 — Deux masques adossés. Bronze d'applique ayant servi d'orifice à une situle étrusque.

279 — Deux cuvettes de candélabres étrusques. Bordure à oves.

280 — Croix-reliquaire byzantine. Bronze incrusté d'argent.

VI

FIGURINES EN TERRE CUITE

Hercules fictilis
Sum fragilis : sed tu, moneo, ne sperne sigillum
Non pudet Alciden nomen habere meum.
Martial, *Epigr.*, l. XIV, 178.

a) Grèce propre

281 — PHALANTHE SUR LE DAUPHIN. Terre cuite archaïque.

Haut., 11 cent. — Vive coloration rouge, jaune et bleue.

282 — ÉROS adolescent debout, tenant de la main droite une lyre. Il est accoudé sur un cippe, le manteau en écharpe, les ailes verticales, la tête penchée avec tristesse. Trouvé à Athènes. (Collection de Caix.)

Haut., 23 cent. — Ton de chair, traces de coloration rouge et bleue.

283 — JEUNE TANAGRÉENNE debout, drapée et voilée, la tête mélancoliquement penchée vers la droite. Les bras sont cachés sous l'himation ; la main gauche, levée, tient un éventail en forme de feuille ; la main droite ramène le voile autour du cou. Tanagre. Modelé exquis.

Planche XIX.

Haut., 25 cent. — Traces de coloration.

284 — JEUNE FEMME à la promenade, drapée dans son himation qu'elle serre autour du cou avec la main droite. Tanagre.

Haut., 23 cent. — Ton de chair, cheveux roux, himation bleu.

285 — JEUNE TANAGRÉENNE, debout, drapée, la chevelure ceinte d'une couronne de fleurs ; elle appuie la main droite sur une colonnette et tient de la main gauche, dissimulée sous la draperie, un éventail en forme de feuille.

Planche XIX.

Haut., 17 cent. 1/2. — Traces de coloration ; trou d'évent.

432 et 475   431   418   431 a   439 et 475 a

286 — Jeune Tanagréenne, debout, les bras cachés sous le
manteau et tendus en avant pour que les lourds plis de l'himation ne gênent pas sa marche. Modelée avec une délicatesse
et une simplicité admirables. Une figurine analogue est au
Louvre.

Planche XIX.

Haut., 18 cent.—Ton de chair, glaçure blanche, traces de coloration rose et bleue.

287 — Jeune Tanagréenne debout et drapée dans son himation, les cheveux relevés au sommet de la tête. Elle pose la
main droite sur une colonnette et, la main gauche levée,
chuchote à une colombe perchée sur son épaule droite.
C'est une des plus charmantes figurines venues de Tanagre.

Planche XIX.

Haut., 25 cent. — Ton de chair, cheveux roux, chiton bleu,
himation rose, colonne grise, oiseau bleu.

288 — Tanagréenne debout. Elle est vêtue du chiton serré très
haut sous les seins; de la main gauche elle tient un éventail
en forme de feuille, et arrête la chute de l'himation qui
glisse le long du bras droit abaissé.

Planche XIX.

Haut., 25 cent. — Ton de chair, cheveux roux, chiton rouge,
himation rose à revers et bordure bleue.

289 — Jeune Tanagréenne debout, drapée dans son himation,
la main gauche sur la hanche, la main droite ramenant le
manteau autour du cou. Charmante figurine de Tanagre.
(Collection Piot, n° 379.)

Haut., 12 cent. — Engobe blanc, base refaite.

290 — Jeune Tanagréenne marchant vivement vers la gauche,
la main gauche sur la hanche.

Planche XX.

Haut., 23 cent. — Traces de coloration.

291 — Jeune femme debout, drapée dans son himation, le buste
légèrement penché en arrière. Le manteau, serré autour du

cou par la main droite, moule étroitement les contours du corps. Tanagre.

Haut., 23 cent. — Ton de chair, cheveux roux, himation bleu, trou d'évent.

292 — CÉRÈS assise sur un rocher, tenant une gerbe d'épis. Tanagre.

Haut., 14 cent. — Traces de coloration.

293 — FILLETTE TANAGRÉENNE assise, les pieds posés sur un tabouret. Elle est vêtue d'un péplos aux fins plis et de l'himation posé en écharpe ; de la main droite elle tient un sac à jouets. Charmante figurine de Tanagre. (Collection Piot, n° 381.)

Haut., 14 cent. — Coloration usuelle.

294 — ENFANT drapé dans sa chlamyde et coiffé d'un kalathos ; il est assis sur un rocher, auprès d'un terme barbu. Tanagre. (Collection Piot, n° 373.) Winter, *Die antik. terrak.*, II, 257, 2.

Haut., 12 cent. — Ton de chair, coiffure bleue, chlamyde rose.

295 — JOUVENCEAU assis sur un rocher. Tanagre.

Haut., 14 cent. — Ton de chair, manteau bleu.

296 — ENFANT assis sur un rocher. Il est vêtu de la chlamyde, chaussé d'endromides et coiffé d'un grand chapeau plat. Tanagre.

Planche XX.

Haut., 16 cent. — Vives colorations.

297 — ENFANT assis sur un rocher. Il est vêtu de la chlamyde, couronné de fleurs et coiffé d'un chapeau rond. Tanagre.

Haut., 12 cent. — Vives colorations, ton de chair, cheveux roux,
manteau bleu, rocher gris.

298 — ENFANT ET FILLETTE s'embrassant. Charmant groupe de Tanagre.

Planche XIX.

Haut., 15 cent. — Ton de chair, traces de coloration.

304

299 — Enfant marchant, la tête couronnée d'un *strophium*, le
manteau en écharpe et tenant de la main gauche un petit
sac à jouets. Tanagre.

Haut., 14 cent. — Traces de coloration.

3oo — Éros enfant, le manteau en écharpe, planant dans l'air,
et jouant des cymbales.

Haut., 12 ceut. — Ton de chair, écharpe bleue, socle en velours rouge.

3o1 — Deux amours enfants planant dans l'air et apportant à
Vénus des objets de toilette.

3o2 — Vieille femme assise sur un siège, les pieds posés sur un
tabouret. Elle tient un enfant couché sur ses genoux.
Tanagre. (Collection Piot, n° 375.) Winter, *Die ant. terrak.*,
p. 154, n° 4.

*On a pensé à Déméter nourrice ; on a proposé aussi d'y
voir une réplique de la* Nourrice thrace *de Parrhasios.*

Planche XXII.

Haut., 13 cent. — Engobe blanc, trou d'évent.

3o3 — Acteur comique. Marchand ambulant, debout, caressant
sa barbe et lançant un regard malicieux. Grèce. (V. *le
Musée*, vol. I, p. 145.)

Planche XXII.

Haut., 10 cent. — Engobe blanc, traces de coloration.

b) Asie-Mineure, Égypte, Grande-Grèce

3o4 — Jeune femme debout, drapée dans son himation et couronnée de feuilles de lierre. Elle penche avec tristesse la tête
vers la gauche et lève les deux bras ; peut-être tenait-elle une
corbeille remplie de fleurs. Myrina (?).

Ravissante figurine ; une des plus grandes parmi celles qui
ont été trouvées en Grèce et en Asie-Mineure.

Planche XVI.

Haut., 48 cent. — Engobe blanc.

305 — JEUNE FEMME debout (Érato ?), drapée, la tête légèrement penchée vers la gauche, les cheveux relevés en crobyle et fixés par un bijou d'or en forme de nœud. Elle ramène la main gauche sur la poitrine et lève le bras droit avec un geste déclamatoire.

Planche XIX.

Haut., 25 cent. — Traces de coloration rose et de dorures.

306 — ÉROS AU PAPILLON. Le dieu a les formes d'un adolescent et de grandes ailes de cygne s'adaptent à ses épaules ; il est étendu sur un rocher qu'il a recouvert de son manteau et regarde avec douceur et tristesse un papillon (Psyché) qui s'est posé sur son bras droit. Publiée par Froehner (*Terres cuites de la collection Gréau*, pl. 75, p. 55).

Planche XX.

Haut., 14 cent. ; long., 16 cent.

307 — DANSEUSE. Elle joue des crotales, la jambe droite ployée, la tête tournée de côté. Asie-Mineure.

Planche XIX.

Haut., 17 cent. — Engobe blanc, traces de coloration.

308 — DANSEUSE. Elle avance avec un léger glissement, sous le charme d'une musique douce et langoureuse, dans toute la splendeur de sa beauté virginale que cache à peine un chiton d'étoffe légère et transparente. On pense à une Niké qui vient de toucher du pied la terre. Publiée dans *le Musée*, vol. II, pl. V.

Planche XVII.

Haut., 26 cent. — Terre rouge.

309 — DANSEUSE vêtue d'un chiton court et coiffée d'un kala-thos. Elle tournoie, les bras étendus et écartés. Smyrne.

Haut., 16 cent.

310 — DANSEUSE tournoyant, sa draperie flottante ; à sa droite se tient un Éros jouant du tambourin. Smyrne. (Collection Piot, n° 276.) Cf. Heuzey, *Figurines antiq. du Louvre*, pl. 37, n° 2.

Planche XX.

Haut., 19 cent. — Terre pâle.

308

311 — Masque de tragédie. Asie-Mineure.

> Haut., 10 cent. — Cheveux rouges, engobe blanc.

312 — Femme au bain. Elle est debout, la draperie rejetée sur
l'épaule droite; à ses pieds est posé un vase de parfums.
Asie-Mineure.

Planche XX.

> Haut., 26 cent. — Ton de chair, traces de coloration rouge.
> Base ronde, trou d'évent.

313 — Enfant drapé, le corps penché en avant, tenant de la
main droite avancée une grappe de raisin. Ses cheveux sont
noués sur le front, au moyen d'un gros peigne doré.

Planche XIX.

> Haut., 15 cent. — Coloration usuelle. Voyez une figurine
> analogue trouvée à Myrina (Louvre, 289).

314 — Scène de banquet. Éphèbe et danseuse tenant un tambourin, étendus sur une *kliné*. Asie-Mineure.

> Long., 19 cent.; haut., 16 cent. 1/2.
> Ton de chair, traces de coloration rouge et bleue.

315 — Jouvenceau couronné de feuilles, assis sur un rocher.
Il est ivre et penche en arrière le buste, levant haut le bras
gauche, un *céras* à la main. Asie-Mineure.

> Haut., 25 cent. — Terre pâle, traces de coloration.

316 — Aphrodite, debout, drapée; elle tient de la main droite
une pomme et son regard souriant se fixe sur un petit Éros
au vol qui voudrait saisir le fruit et qu'elle écarte de la main
gauche.

> Haut., 31 cent. — Pièce antique ayant subi des retouches.

317 — Satyre, couronné de lierre, la nébride attachée sur la
poitrine, entraînant vers la droite une Ménade drapée, les
cheveux en désordre. Il semble lui raconter une histoire
égayante.

Publié par Froehner (*Terres cuites d'Asie-Mineure de la
collection Gréau,* pl. 70 et 102, p. 62).

Planche XXI.

> Haut., 26 cent. — Traces de coloration, base rectangulaire.

318 — Amour et Psyché. Charmant groupe d'Asie-Mineure.

Haut., 24 cent.

319 — Victoire attachant sa sandale. Les ailes éployées, elle se penche en avant, écartant de la main droite son himation au larges plis, et de la main gauche elle arrange le cordon défait. Charmante figurine d'Asie-Mineure.

Haut., 24 cent. — Traces de coloration.

320 — Éros adolescent au vol, les ailes verticales, tenant de la main gauche abaissée une grande palme. Modelé avec une élégance et une délicatesse admirables. Myrina.

Planche XXI.

Haut., 37 cent. — Terre blanche, socle en velours rouge.

321 — Éros au vol tenant de la main gauche un plateau. Asie-Mineure.

Planche XX.

Haut., 12 cent. — Traces de couleur et de dorure.

322 — Éros au vol. Il tient de la main droite le *plektron* et devait tenir de la main gauche une lyre. Asie-Mineure.

Haut., 24 cent. — Terre pâle.

323 — Éros tenant un petit *chous* et agenouillé devant une stèle.

Haut., 14 cent — Traces de coloration.

324 — Éros sur le dos d'une oie, jouant de la mandore.

325 — Éros sur une chèvre.

326 — Deux Éros musiciens sur des dauphins.

327 — Éros conduisant un char attelé de deux chèvres.

328 — Tète de femme, les cheveux serrés par un ruban qui fait plusieurs fois le tour de la tête et noués en chignon sur la

334

285
307
286
313
298
288
283
287
305

338 — Jeune femme nue, couronnée de lierre, attachant sa sandale. Asie-Mineure, époque romaine.

> Haut., 26 cent. — Terre cuite pleine, engobe blanc,
> couronne de feuilles dorées.

339 — Vénus pudique. Asie-Mineure, époque romaine.

> Haut., 27 cent. — Terre culte pleine, traces de coloration.

340 — Héraclès et la biche. Asie-Mineure. Basse époque.
Planche XXI.

> Haut., 27 cent. — Terre rouge, base rectangulaire.

341 — Hercule accoudé sur sa massue. Asie-Mineure. Basse époque romaine.

> Haut., 16 cent. — Terre rouge.

342 — Tête d'Hercule barbu. Smyrne. (Coll. Piot, n° 301.)

343 — Tête d'Héraclès imberbe. École de Lysippe.

344 — Harpocrate debout. Figurine de basse époque ptolémaïque.

> Haut., 20 cent. — Terre brune.

345 — Poupée articulée.

346 — Autre plus petite.

347 — Trois têtes d'Éros, dont deux dorées. Smyrne.

348 — Buste d'Éros tenant une pyxis. Terre pâle.

349 — Cinq têtes viriles (Bacchus, Silène, satyres).

350 — Six têtes de femmes aux coiffures variées. Fragments de statuettes.

351 — Sanglier. Fragment.

352 — Tête de cheval bridé. Fragment de statuette. (Collection Castellani, n° 586.)

Long., 15 cent.

353 — Renard.

Terre pâle.

354 — Panthère.

355 — Silène pédagogue conduisant un enfant. Smyrne. (Collection Piot, n° 275.) (Winter, II, 395, 6.)

Planche XXII.

Haut., 11 cent. — Terre rouge.

356 — Caricature. Vieille femme dans une attitude grotesque. Publiée par Froehner (*Terres cuites d'Asie-Mineure de la collection J. Gréau*, pl. 48 et 49).

Planche XXII.

Haut., 18 cent. — Traces de coloration, base rectangulaire.

357 — Caricature. Grosse femme à la mine réjouie, portant les mains à sa figure avec un geste moqueur.

Planche XXII.

Haut., 13 cent. — Engobe blanc.

358 — Caricature. Femme debout, drapée, regardant dans un miroir son visage de négresse, aux yeux saillants, au nez camus.

Planche XXII.

Haut., 13 cent.

359 — Caricature. Discobole, au corps maigre et anguleux, à la tête simiesque. Smyrne. (Ancienne collection Van Branteghem, n° 422.)

Planche XXII.

Haut., 10 cent. — Terre rouge.

360 — Caricature. Le rapt des Sabines. Smyrne. (Ancienne collection Van Branteghem, n° 422.)

Planche XXII.

Haut., 14 cent. — Terre rouge.

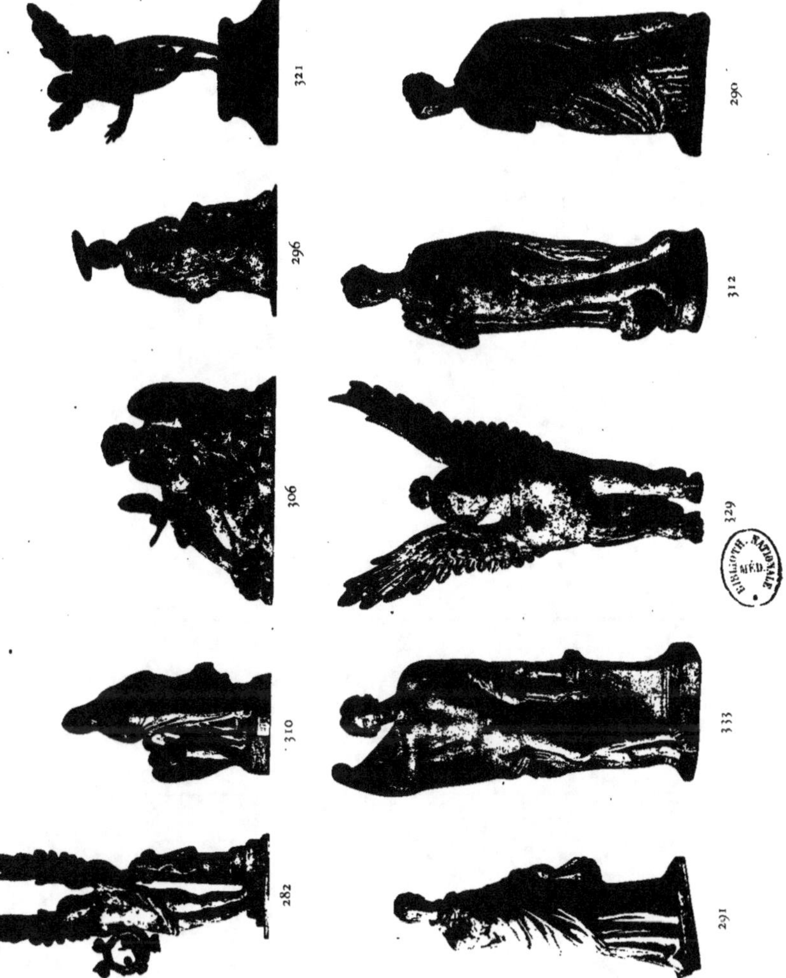
321
290
296
312
306
329
310
333
282
291

361 — CARICATURE. Athlète debout. Smyrne.
Planche XXII.

Haut., 14 cent. — Engobe blanc, plinthe ronde.

362 — CARICATURE. Vieille femme debout, drapée. Tanagre.

Haut., 14 cent. — Engobe blanc, trou d'évent.

Pièces douteuses ou fausses.

363 — VICTOIRE drapée, les ailes éployées, tenant une palme de la main gauche et une couronne de la main droite. Asie-Mineure (?).

Haut., 54 cent. — Traces de coloration, parties recollées.

364 — AMAZONE BLESSÉE. Elle est tombée à genoux et, se couvrant de son bouclier, elle cherche à ramasser son arme.
Nous avons fait reproduire cette figurine parmi les pièces douteuses ; mais nous devons convenir qu'elle est d'un dessin magistral.
Planche XXIII.

Haut., 26 cent. — Terre rouge, engobe jaunâtre et traces de coloration.
Parties recollées et repeintes.

365 — FEMME debout, tournée à droite et piquant des fleurs dans une corbeille posée sur un cippe (Coré ?). Asie-Mineure (?).

Haut., 34 cent. — Traces de coloration, retouches modernes.

366 — LES LAVEUSES.

367 — VÉNUS dormant, étendue sur une kliné, au-dessus de laquelle deux petits amours soulèvent une draperie.
Planche XXIII.

368 — ÉROS enfant suppliant Vénus de le prendre dans ses bras.
Planche XXIII.

Terres cuites modernes.

(*Planche* XXIII.)

Les pièces suivantes sont l'œuvre d'un artiste athénien de grand talent.
Il a trouvé souvent, dans son amour pour l'art antique, une belle inspiration. Des marchands peu scrupuleux se sont emparés de ses ouvrages, et,
les truquant, ont essayé de les vendre pour antiques. Savants et artistes s'y
sont souvent trompés.

369 — VÉNUS unissant Pâris et Hélène.

370 — ÉLECTRE pleurant Oreste.

371 — SCÈNE DE *l'Électre* DE SOPHOCLE. Le vieux pédagogue
apportant à Électre la fausse nouvelle de la mort d'Oreste.
C'est un sujet que l'artiste paraît avoir traité plusieurs fois.

372 — LES FILLES DE PANDARÉE. Groupe de trois femmes et d'un
enfant regardant deux joueuses d'osselets.

373 — SILÈNE ivre sur un âne conduit par un satyre et une
ménade.

374 — FEMME baignant un enfant.

375 — DANSEUSE.

376 — PÉDAGOGUE. C'est une des nombreuses figures qui ont été
inspirées par la ravissante statuette du Louvre.

377 — SATYRE jouant de la flûte.

378 — PSYCHÉ assise prenant sur ses genoux un Éros enfant.

379 — THÉTIS apportant les armes d'Achille.

380 — DEUX FEMMES au bain.

340

320

317

381 — Prométhée cloué sur le Caucase et déchiré par le vautour de Zeus. Vase à reliefs.

382 — Satyre surprenant Ariadne.

383 — La Famille du satyre.

384 — Silène ivre.

385 — Amazone chassant un lion. Sujet inspiré par les médaillons du trésor du Tarse.

286 — Femme couchée sur une kliné.

387 — La Toilette de Vénus.

388 — Muse.

389 — Satyre et nymphe surpris par un serpent.

390 — Bacchus assis.

391 — Satyre et nymphe.

392 — Ulysse attaché au mât, passant devant le rocher des Sirènes.

393 — Ulysse et polyphème.

394 — Silène ivre.

395 — Femme agenouillée tenant une couronne et une amphore.

396 — Berger conduisant des bœufs à l'abreuvoir et conversant avec une jeune femme.

397 — Femme assise, filant.

398 — FEMME couchée, tenant un miroir.

399 — NYMPHE sur un bouc, entre un satyre et un petit Éros.

400 — ÉROS adolescent au vol.

401 — JEUNE FILLE maîtrisant un taureau.

402 — MASQUE.

403 — AMAZONE défaillante sur un cheval blessé.

404 — MIDAS ET NYMPHE.

405 — ORESTE ET ÉLECTRE.

406 — FRAGMENTS.

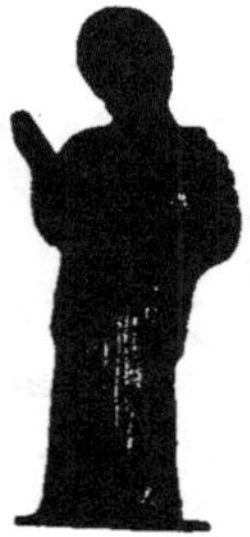

358 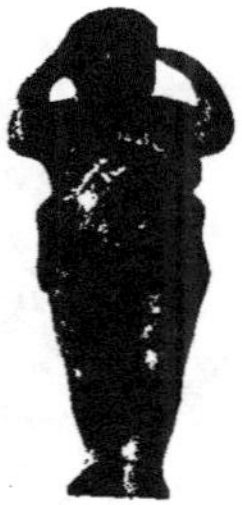 357 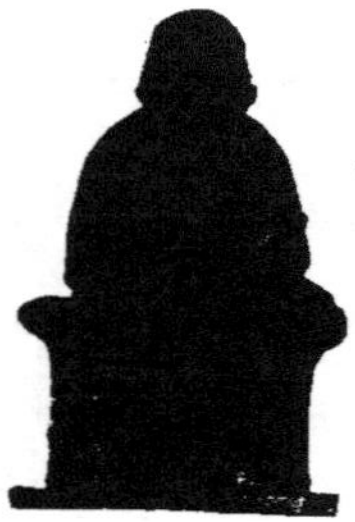 302 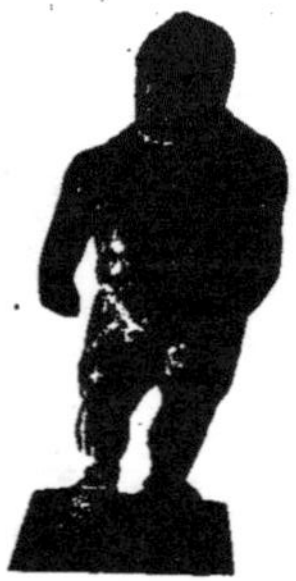 361 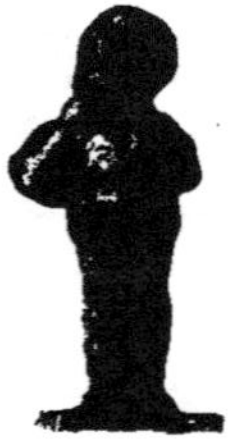 303

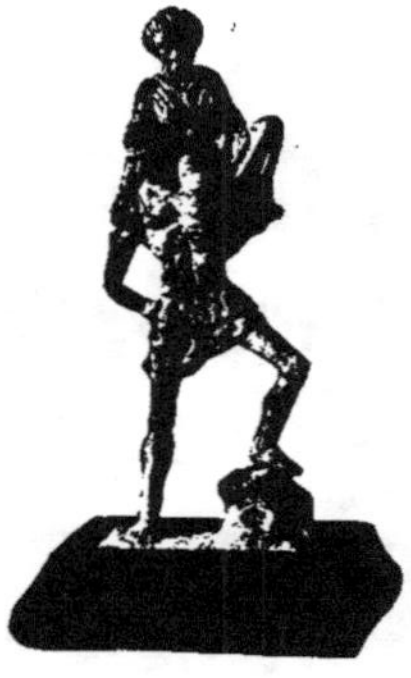

360 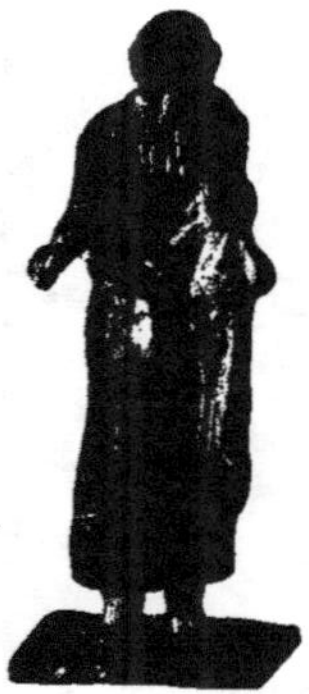 336 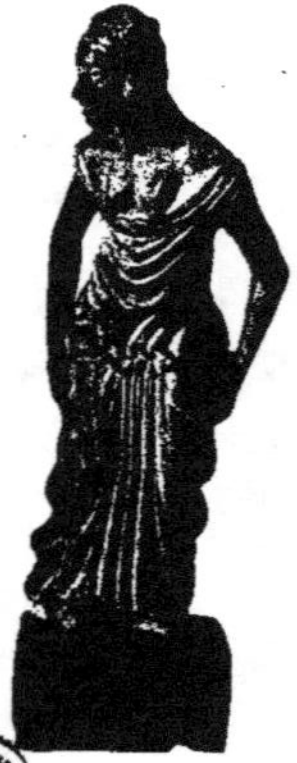 356 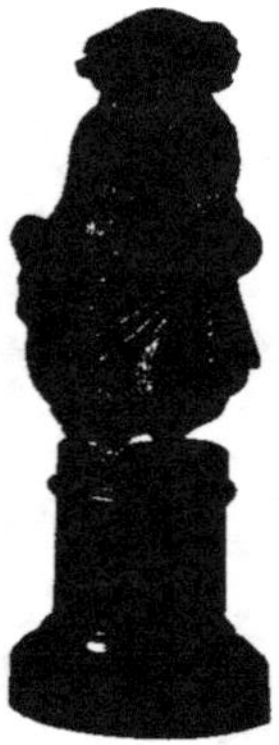 355 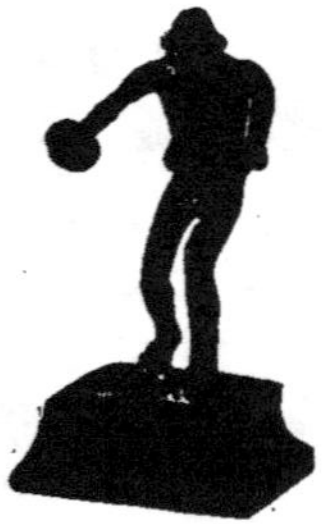 359

VII

POTERIES

407 — **Fond de coupe** attique du vɪᵉ siècle. Cavalier conduisant deux chevaux. Figures noires à rehauts blancs (un des chevaux) sur fond rouge, détails incisés.

N° 408.

408 — **Petite olpé** attique du vᵉ siècle. Néréide accourant vers Nérée pour lui annoncer l'enlèvement de Thétis; entre eux un dauphin.

Figure.

Haut., 15 cent. — Figures rouges sur fond noir.

409 — **Lécythe** athénien du vᵉ siècle. Figures au trait rouge et à rehauts polychromes sur fond d'engobe blanc. Offrande à une stèle.

Haut., 20 cent.

410 — Petit chous athénien du iv° siècle à bouche trilobée. Cômos d'enfants revenant du banquet des Choes. (Collection Piot.)

Figure.

Haut., 9 cent.

411 — Pyxis athénienne à bijoux, de la fin du iv° siècle. Sur le couvercle, femmes, éphèbes et deux Éros.

Diam., 16 cent.

N° 410.

412 — Lécythe campanien du iv° siècle. Figure noire à rehauts blancs sur fond jaune (imitation des peintures archaïques.) Femme assise sur un rocher.

Haut., 17 cent.

413 — Coupe d'Arezzo à reliefs. Décor d'oves, de patères et ondes.

414 — Guttus (biberon) en forme de lapin. Incrustations de verroteries.

Terre rouge.

415 — Guttus en forme de porc. Verroteries incrustées.

416 — Guttus en forme de tête de satyre. Trouvé à Toscanella.

364 · 376 · 370 · 371 · 365

366 · 378 · 383 · 367 · 361

380 · 369 · 402 · 318 · 390

TERRES CUITES MODERNES DE STYLE ANTIQUE

Œuvres d'un artiste athénien.

(Fin du XIXe siècle).

VIII

VERRERIE

a) Égypte et Phénicie

417 — ARYBALLE pomiforme en verre opaque bleu lapis, à incrustations blanches formant réseau.

Verre égyptien.

418 — GRANDE AIGUIÈRE côtelée et à orifice trilobé, en verre bleu kobalt, à incrustations de pâte opaque blanche, verte et jaune, imitant des barbes de plume. Cumes. Époque archaïque. Superbe exemplaire d'une grande élégance et d'une fraîcheur de couleurs extraordinaire.

Planche XV.

Haut., 16 cent. — Quelques restaurations.

419 — ŒNOCHOÉ à goulot tréflé, en verre bleu lapis, à incrustations de chevrons et rubans en verre opaque jaune et vert. Cumes. Époque archaïque.

Haut., 10 cent. — Conservation irréprochable.

420 — AUTRE semblable.

Haut., 10 cent. — Conservation irréprochable.

421 — PROCHOUS à goulot tréflé, en verre bleu lapis, orné de zigzags et rubans jaunes et blancs. Cumes.

Haut., 95 millim. — Conservation irréprochable.

422 — GRAND ALABASTRON en verre bleu kobalt, à incrustations de pâte jaune et blanche, formant un dessin de barbes de plumes. Cumes. Époque archaïque.

Haut., 20 cent. — Conservation irréprochable. Irisation nacrée.

423 — Alabastron en verre bleu kobalt, à incrustations de pâtes
jaunes et vert pâle, formant un dessin de barbes de plumes.
Cumes.

> Haut., 14 cent. — Émail d'une fraîcheur extraordinaire,
> conservation irréprochable.

424 — Alabastron en pâte brune, à incrustations de rubans et
zigzags blancs et jaunes. Grèce.

> Haut., 11 cent. — Conservation irréprochable.

425 — Alabastron côtelé en pâte vert de mer et à incrustations
de dentelures blanches et jaunes. Cumes.

> Haut., 9 cent.

426 — Alabastron en pâte d'un blanc laiteux, cercles et zigzags violets. Cumes.

> Haut., 95 millim. — Petite cassure.

427 — Autre semblable.

> Haut., 92 millim. — Petite cassure.

428 — Alabastron en pâte verdâtre, dentelures blanches et
jaunes. Cumes.

> Haut., 105 millim.

429 — Alabastron en verre lapis, cercles et dentelures incrustés
en pâte jaune et vert pâle.

> Haut., 85 millim. — Conservation irréprochable.

430 — Alabastron en pâte vert foncé.

> Haut., 14 cent. — Conservation irréprochable.

431 — Deux amphores formant pendant, en verre bleu kobalt,
à incrustations de rubans blancs, jaunes et verts. Cumes.
Planche XV.

> Haut., 9 cent. — Conservation irréprochable.

432 — Amphorisque en pâte brune, rubans et dentelures incrustés en blanc et jaune.

> Haut., 8 cent. — Conservation irréprochable.

433 — Lécythe en verre bleu à incrustations blanches et jaunes.

Haut., 8 cent. — Conservation irréprochable.

434 — Amphorisque en pâte verdâtre, incrustée de rubans et de barbes de plumes en blanc et jaune.

Haut., 15 cent. — Fortement irisé.

b) Verres grecs et romains.

435 — Petit flacon à onguent, en forme de datte sèche. Verre jaune d'ambre. Cumes.

Haut., 7 cent. — Conservation irréprochable.

436 — Œnochoé en verre améthyste, l'anse en pâte blanche amortie par un masque de Ménade.

Pièce très rare; quelques brisures.

437 — Grand flacon en verre verdâtre, à cannelures inclinées. Sur les côtés, des rubans plissés en pâte vert foncé, formant oreillettes au bas du col. Syrie.

Haut., 10 cent. — Irisation nacrée.

438 — Flacon en verre jaune, de forme élancée. Sur les côtés, des rubans plissés formant oreillettes au bas du col. Syrie.

Haut., 16 cent. — Belle irisation dorée.

439 — Flacon en pâte verdâtre, moulé en forme de deux têtes d'Éros adossées. Syrie.

Planche XV.

Haut., 7 cent. — Belle irisation dorée. Réparation au col.

440 — Belle coupe en verre jaune d'ambre. A l'intérieur, quelques cercles gravés à la meule. Italie.

Diam., 10 cent. — Conservation irréprochable.

441 — Coupe en verre bleu tendre. A l'intérieur, cercles gravés à la meule. Italie.

Diam., 15 cent.

442 — PETITE COUPE en pâte multicolore imitant l'agate. Rome.

Quelques réparations.

443 — PETITE COUPE en verre bleu lapis, à incrustations polychromes. Rome.

Recollée.

444 — PETITE COUPE à piédouche en verre polychrome imitant l'agate. Rome.

445 — FLACON pomiforme en verre bleu kobalt.

Haut., 9 cent.

446 — AMPHORISQUE en pâte verdâtre.

Jolie irisation.

447 — FLACON piriforme en verre couleur améthyste.

448 — ŒNOCHOÉ à goulot tréflé en verre verdâtre ; fils agglutinés sur le col. Syrie.

Haut., 95 millim. — Belle irisation.

449 — AMPHORE à panse côtelée.

Haut., 10 cent. — Belle irisation.

450 — DEUX ŒNOCHOÉS.

Belle irisation.

451 — LOT DE DOUZE VERRES de formes et couleurs diverses.

Belles irisations.

452 — LOT DE FONDS DE COUPES en verre, avec superbes irisations.

453 — FOND DE VERRE avec inscription : PATRIMONI.

454 — LOT DE PATES DE VERRE.

IX

IVOIRES ET OS

455 — **Main** gauche ouverte en ivoire. Castagnette de travail égyptien.

456 — **Petit torse.** Fragment d'une statuette antique en ivoire d'un modelé très vigoureux.

457 — **Éros** se cachant derrière un buisson. Fragment de pyxide en ivoire. Travail gréco-romain.

458 — **Bas-relief** représentant une femme, la gorge nue, déployant la draperie au-dessus de sa tête (Aura ?). Fragment de coffret. Gréco-romain.

459 — **Petit terme** en os.

460 — **Épingles** de cheveux en os.

461 — **Très beau fragment de coffret** en ivoire. Décor à rinceaux.

X

ORFÈVRERIE ET ARGENTERIE

Asie

462 — Boucles d'oreilles phéniciennes. Cercle uni, pendentif en forme de massue.

463 — Superbes boucles d'oreilles. Grands disques reliés à des rubans tressés et soutenant des grappes de grenades.

464 — Très belle paire de boucles d'oreilles à têtes de taureau, de style archaïque, anneau en torsade.

465 — Autre boucle plus grande, de même type.

466 — Paire de boucles d'oreilles à têtes de lynx couronnées de lierre, anneaux en torsade. Travail exquis.

467 — Paire de boucles d'oreilles. Elles se composent d'un anneau en torsade amorti par des perles de verre et par une tête de lynx en or battu ; cet anneau soutient une chaînette qui termine par un disque en forme de bouclier à *umbo* en grenat et par une amphore en or et verroterie. Travail exquis d'Asie-Mineure ; le motif a été repris par l'art ptolémaïque.

468 — Boucles d'oreilles en or et verroterie. Anneaux à semis de globules reliés par des cordelettes soutenant des plaquettes en forme d'ϵ à décor de filigrane et pâtes de verre, qui servent à leur tour d'attache à des figurines d'amours échansons.

469 — Paire de boucles d'oreilles. Anneaux en forme de serpents soutenant des Éros au vol.

470 — Amulette. Pierre verte sertie d'or à ornements en filigrane.

Grande Grèce et Sicile.

471 — COLLIER. Assemblage de nombreuses chaînettes tressées ; fermoirs en forme de têtes de lion mordant un ∽ orné d'un disque à fleuron. Cumes. Travail d'une grande finesse.

472 — COURONNEMENT DE BOUCLE de cheveux en forme de tête de lion. Travail d'un grand style. Trouvé en Sicile.

473 — GRANDE BOUCLE de cheveux en forme de corne d'abondance terminée par deux mufles de lion. Superbe travail. Trouvée en Sicile.

474 — FIBULE à navicella, la gaîne amortie par une tête de bélier ; pendentif en améthyste portant les lettres ΣΠΑΘ.

475 — DEUX PETITS SUPPORTS.
Planche XV.

Étrurie.

476 — PAIRE DE BOUCLES D'OREILLES étrusques, de la forme dite à baule. Demi-cylindre divisé en deux rectangles creux ; dans le premier, une divinité debout, couronnée, la main droite sur la poitrine, la main gauche retroussant la robe. Elle est posée entre quatre disques d'or qui lui font une espèce de nimbe ; à ses côtés sont couchés deux énormes lions ; à ses pieds se voient deux canards allant en sens inverse. Le cadre du rectangle est surmonté de deux grenades et d'une palmette.

La divinité a un aspect cambodgien très curieux. Pièces du plus haut intérêt.

477 — DIADÈME funéraire étrusque. Couronne de laurier posée

sur une lamelle d'or estampé ; au centre, gorgonéion ; sur les côtés, des paons.

Un diadème de même style et de même provenance faisait partie de la collection Guilhou (anc. collection Bourguignon).

478 — Deux disques d'or. Au centre, un mamelon à semis de globules renfermé dans un cercle de grenaille ; au pourtour, boutons de lotus et mamelons lisses ou ornés de grenaille. Grènetis en bordure. Travail étrusque d'une grande délicatesse.

479 — Paire de boucles d'oreilles. Tubes recourbés à décor de palmettes ; couronnement à demi-cercle orné de patères et grènetis. Pendentif en forme de grappe de grenades. Imitation étrusque de motifs phéniciens. Travail exquis.

480 — Deux ornements de cheveux (ἑλικτῆρες). Lamelles en spirale ciselées et ornées de globules. Travail étrusque.

481 — Paire de boucles d'oreilles. Disque en forme de bouclier soutenant des groupes de chaînettes et une amphore.

482 — Couronne de myrte en bronze avec fleurs en or.

483 — Deux bulles étrusques en or repoussé. Gravure retouchée.

484 — Ornement de cheveux. Tube recourbé en or estampé ; décor de palmettes. Il sert d'attache à un cercle et à une petite situle. Basse époque étrusque.

485 — Petit collier à perles d'or ; pendentif en cristal de roche. Travail étrusque.

486 — Grande chaine a sautoir composée de quatre rangs de polyèdres en prime d'émeraude enfilés dans des chaînettes à mailles en forme de ∞ . Fermoirs simulant les roues, ornés d'émeraudes.

Long., 28 cent.

487 — Collier a chainette dont les mailles sont interrompues par des cercles grenelés renfermant des S, par des perles et des polyèdres en prime d'émeraude.

488 — Fermoir de collier en or émaillé.

Rome et Alexandrie.

489 — Boucle d'oreille en or et perles. Anneau en forme de branche d'où pendent des fruits (perles); il soutient un nœud de rubans renfermant des lis en or et des perles.

490 — Bagues en or.

491 — Belle bague en or en forme de serpent se dressant et serrant dans ses spirales des disques ornés de grenats en cabochon. Beau travail ptolémaïque.

492 — Service d'argenterie. Il se compose de deux coupes à piédouche, dont une portant l'inscription : SATTIAE · L · F · ////// SC · VII (nom du propriétaire et poids); d'une situle, d'un petit déversoir, d'un vide-poche en forme de coquille, de plusieurs plateaux et d'un grand nombre de cuillères et ustensiles divers.

Quelques pièces ont été fondues, d'autres tirées au marteau. On le dit trouvé à Tivoli. Basse époque romaine (?).

493 — Gobelet en argent d'une forme très élégante. Décor de rinceaux.

494 — Bracelet en forme de deux serpents se mordant.

495 — Épingle de cheveux. Couronnement en forme de figurine. Vénus à sa toilette; un petit Éros perché sur son épaule gauche lui chuchote à l'oreille. Base en forme de chapiteau corinthien.

496 — ÉPINGLE DE CHEVEUX. Main tenant un fruit.

497 — FIBULE en argent.

Art Mérovingien.

498 — GRANDE FIBULE radiée en argent doré et ciselé et à tablettes
de verre cloisonné. Couronnement en demi-compas à décor
de rinceaux ayant sur sa tranche quatre têtes d'aigle.

499 — DEUX FIBULES à disque de bronze plaqué d'argent et orné
de verres cloisonnés.

TABLE DES MATIÈRES